LOS ANTIGUOS DEBERES

(Old Charges)

LOS ANTIGUOS DEBERES

Rito Antiguo y Primitivo

John Yarker

60 08
MASONICA
Ediciones del Arte Real

Los Antiguos Deberes
John Yarker

Título original:
The Old Charges
The Ancient and Primitive Rite of Freemasonry

Diseño y maquetación:
EЯA | ALTA RESOLUCIÓN EDITORIAL

Traducción de
Ignacio Méndez-Trelles Díaz

Editorial MASONICA®
SERIE AZUL (Textos históricos y clásicos)
www.masonica.es

EntreAcacias, S.L.
[Sociedad editora]
c/Covadonga, 8
33002 Oviedo - Asturias (España)
info@masonica.es | pedidos@masonica.es

1ª edición: abril, 2024

ISBN: 978-84-19985-56-9
Depósito Legal: AS 00193-2024

Impreso por Podiprint
Impreso en España

CONTENIDO

LA CIENCIA MASÓNICA EN RELACIÓN CON EL TEMPLO DE JERUSALÉN

HERMANO, la masonería fue fundada en aquellas épocas oscuras y remotas cuando los hombres y la civilización estaban aún en su infancia y las artes y las ciencias no habían derramado sino pocos e imperfectos rayos. Las carencias y necesidades mutuas impulsaron a nuestros primitivos hermanos a buscar ayuda y asistencia mutuas; la diversidad de talentos, inclinaciones y aficiones, hizo que cada uno dependiera del otro; así se formó la sociedad y, como consecuencia natural, los hombres de los mismos hábitos y aficiones se asociaron más íntimamente, no sólo con vistas a la mejora y ventaja mutuas, sino por ese impulso natural que sienten las mentes afines. De este modo se formaron sociedades y, a medida que la civilización comenzó a extenderse por el mundo y las mentes de los hombres se ampliaron por la contemplación de las obras de la naturaleza, las artes y las ciencias fueron cultivadas por los más ingeniosos de los pueblos. La contemplación del sistema planetario, como las obras de un Artista Todopoderoso y los atributos de su Dios, dio lugar a las ceremonias de la religión y la ciencia de la astronomía; la medición de la tierra y la división y el marcado de su propiedad dio lugar a la geometría y estas ciencias a la institución en cuyos misterios ahora deseas ser recibido.

Así ha habido una hermosa e ininterrumpida sucesión de causa y efecto en la producción del sistema de moral que aquí se enseña y que creemos firmemente que resultará ser el gran instrumento en la regeneración y purificación del mundo.

Si considerásemos la tierra con sus productos, el océano con sus mareas, el ir y venir del día, el arco estrellado del cielo, las estaciones y sus cambios, la vida y la muerte del hombre, como meros accidentes de la naturaleza, tendríamos que cerrar todas nuestras facultades de juicio y abandonarnos a la más oscura locura e ignorancia. La augusta apariencia del sistema planetario, el día y la noche, las estaciones en su sucesión, la estructura animal, la vegetación de las plantas, todo es objeto de asombro, de los cuales el más grande es demasiado poderoso, si no fuera por la mano de una Deidad cuyas obras son; el más pequeño, demasiado milagroso, si no fuera por la sabiduría de su Dios. No es de extrañar, pues, que los primeros fundadores de la masonería tuvieran en tanta estima las ciencias de la astronomía y la geometría, que incluso las consideraran sagradas, porque mediante su uso se demuestra la sabiduría de esas leyes inmutables dadas por el Creador, en el principio, para el gobierno de todas las cosas.

Esta Institución, que originalmente coexistió con los misterios de la religión y la ciencia, es ahora mantenida por nosotros sobre el principio de prestarnos ayuda mutua, así como para preservar nuestra adoración al Artista Todopoderoso; y para mejorar nuestras mentes con los principios de la ciencia. ¿Cómo podríamos discernir a los hermanos de la gran familia, sino a través de señales que los distingan de los demás hombres? La lengua no es provinciana y los dialectos de las diferentes naciones no serían comprensibles para los hombres ignorantes y no ilustrados. Por lo tanto, es necesario utilizar una expresión que pueda ser conocida por personas de todas las naciones. Así sucede con los masones; poseen la expresión universal y tales restos de la lengua original, que pueden comunicar su historia, sus necesidades y sus oraciones a todos los masones del mundo, de donde se han salvado multitudes de vidas, cuando la enfermedad, la necesidad y la miseria los habían llevado al borde de la tumba.

Siendo los grados de la Masonería Antigua y Primitiva de aún mayor importancia, por contener los verdaderos secretos y principios de la institución mística, debían ser guardados de una manera más particular, tanto del conocimiento del mundo como de aquellos que pudieran ser indignos de recibirlos. En consecuencia, se ordenó que los tres primeros grados, o grados azules, que no son más que símbolos de la Masonería Sublime, se aprendieran de memoria, para que de este modo pudiera demostrarse, por la manera en que un Masón Simbólico cumplía con los deberes de esos grados preparatorios, si era capaz de que se le confiaran los verdaderos e importantes secretos del oficio.

Por otra parte, la historia de la masonería, tal como se contiene en los grados superiores, ofrece un detalle auténtico de sucesos que sólo se encuentran en los archivos de la sublime institución y que son tan extensos que llenan muchos volúmenes, que sería imposible memorizar a menos que dedicáramos a ello toda nuestra vida. Al salir a la luz, llamó tu atención el brillante Delta, o Shekinah, que encierra nueve caracteres hebraicos, cada uno de los cuales es la inicial de un nombre derivado de un atributo de la Deidad, todo ello rodeado por una serpiente que forma un círculo.

Las iniciales en los nueve puntos de la Shekinah son las de los nombres por los que la Deidad era conocida por nuestros antiguos hermanos antes del tiempo en que el Todopoderoso reveló Su verdadero e inefable nombre a Moisés en el Monte Sinaí.

La serpiente que forma el círculo representa la inmensidad del poder de Dios, que no tiene principio ni fin.

También se percibe en el centro de la Shekinah un círculo luminoso que encierra una estrella brillante de cinco puntas, con la letra G en el centro, cuyo significado se explica así: Gloria, Grandeza y Gomel; de donde entendemos por Gloria, Dios; por Grandeza, el hombre que puede ser grande por la Perfección; y Gomel es una palabra hebrea, que significa agradecimiento a Dios por su poder supremo. Es la primera palabra que pronunció Adán al descubrir a la adorable Eva.

También contemplas en el Sanctum Sanctorum el Arca de la Alianza, el candelabro de oro con siete brazos, que tiene una lámpara en cada uno, también una mesa. El Arca de la Alianza estaba colocada en el centro del Sanctum Sanctorum, bajo la estrella brillante y la sombra de las alas de los querubines, que representan la alianza que Dios hizo con su pueblo. El Arca de la Alianza tenía la forma de un paralelogramo, de dos codos y medio de ancho y otro tanto de alto, hecho de madera de acacia, recubierto por dentro y por fuera de oro y decorado con una corona de oro sostenida por dos querubines de oro. La cubierta del Arca tenía un nombre; se llamaba el Propiciatorio, un lugar que servía para aplacar la ira de Dios. El Propiciatorio contenía el testimonio que Dios dio a Moisés, las tablas de la ley. Estas tablas eran de mármol blanco y contenían el Decálogo, escrito en caracteres hebreos. Los mandamientos enseñados estaban dispuestos en las tablas de la siguiente manera: los cuatro primeros señalaban el deber del hombre para con su Dios y estaban grabados en la primera tabla; los seis restantes señalaban las obligaciones del hombre y estaban grabados en la segunda tabla.

El nombre del Sanctum Sanctorum en hebreo es *Dabir,* que significa habla, y era allí donde residía la Divinidad y donde pronunciaba sus oráculos. Las colgaduras del Sanctum Sanctorum son de color púrpura, azul, escarlata y blanco, que implican temor y reverencia, verdad y constancia, justicia templada con misericordia y pureza; simbolizan además los cuatro elementos...

Moisés, por mandato de Dios, construyó el Arca y para ello eligió como ayudantes a Bezalel, de la tribu de Judá, hijo de Uri, y a Miriam, que era hermana de Moisés, y a Aboliab, de la tribu de Dan y el más erudito del pueblo. Los israelitas manifestaron tanto ardor por las obras y se ofrecieron con tanto celo a llevarlas a cabo, que Moisés proclamó a toque de trompeta que no quería más. Trabajaron según el modelo que Dios había dado a Moisés, quien también le instruyó en el número y la forma de los vasos sagrados que debían hacerse y colocarse en el tabernáculo para servir en los sacrificios.

El candelabro de siete brazos alude a los siete planetas y estaba compuesto de setenta partes, que aludían a las setenta divisiones de los cuerpos celestes.

El ojo sobre la puerta del Capítulo representa el ojo de Dios, a cuyo nombre están dedicadas nuestras obras y de cuya inspección nunca pueden ocultarse nuestras acciones. La Shekinah significa gloria visible, pues era un símbolo de la presencia divina, pero en nuestro Rito Antiguo y Primitivo se nos enseña a considerarla como un emblema de la mente cultivada, que dispersa la ignorancia. La moral de este grado nos enseña el Silencio y el Secreto.

EL MASÓN, HIJO DE DIOS

HERMANO, en el Quinto Grado del Rito Antiguo y Primitivo, el Neófito es llamado Sublime Maestro; aquí se le enseña que es el Hijo de Dios y como tal, tiene derecho al amor divino. Percibe la intimidad entre la naturaleza divina y la humana, entre Dios y el hombre; en una palabra, el Infinito, con todas sus consecuencias y el hombre siendo ahora aliado de su Padre Todopoderoso, se manifiesta su origen celeste. Se adhiere a él con gratitud y alegría. Dios es su alma, su luz, su compañero. Ambos se unen por una fuerza de atracción mutua, que tiende a la gloria de Dios y a la perfección del hombre. Es una acción constante de las más íntimas relaciones entre la verdadera fuente de la vida y el ser feliz que no cesa entonces de renovar su juventud a pesar de la constante decadencia, variaciones y cambios de la forma material a que está sometido. Cede sin resistencia a los numerosos accidentes «y a los mil choques naturales de que es heredera la carne», porque siente que el principio, en virtud del cual existe, es eterno. Todo lo que es frágil y perecedero en él debe ser abandonado, pero todo lo que es espiritual y divino debe permanecer y vivir para siempre. En una palabra, es la doctrina de la Inmortalidad del Alma la que aquí se enseña claramente y en la que creemos firmemente, porque aparece entonces como la consecuencia necesaria de nuestro origen.

Este Grado es una iniciación solemne en las relaciones de Dios consigo mismo, como consecuencias necesarias e inmediatas de Su existencia. Su poder infinito y su tendencia ineludible a producirse a sí mismo, a manifestar cada vez más sus recursos eternos y a imprimir en todo el universo su imagen y sus atributos divinos, se convierten en el estudio favorito del candidato. Allí está con Dios Todopoderoso, con Jehová, y contempla cómo el Padre del hombre se deleita contemplando Su obra y goza de Sus prodigiosas perfecciones. Así concluye este grado.

HISTORIA DE LA BÓVEDA SAGRADA DE ENOC

HERMANO, las antiguas leyendas de la masonería, que datan de hace cincuenta siglos, han descendido hasta nosotros, fortificadas por una autenticidad incuestionable, a través del Patriarca de nuestro Rito Antiguo y Primitivo, Sacerdotes del Dios Altísimo, que oficiaron en los Templos de Israel y de Judá y como Hierofantes de Egipto, esa tierra de misterio, de ciencia y de masonería operativa práctica, donde hasta el día de hoy maravillas del Arte Masónico aún elevan al Cielo sus gigantescas cabezas, existen como pruebas incontrovertibles de la antigüedad de nuestra Orden. Estas leyendas nos informan que el Patriarca Enoch nació en el año del mundo seiscientos veintidós, según la cronología judía, que vivió trescientos sesenta y cinco años y que caminó con Dios y que no fue, pues Dios se lo llevó. Fincado con el amor y el temor del Sublime Arquitecto del Universo, Enoch se esforzó por dirigir las mentes de los hombres por los senderos del honor, la verdad y la sabiduría, pero en vano; porque la maldad del hombre era grande en la tierra y toda imaginación de los pensamientos de su corazón era continuamente sólo el mal. Alusiones a nuestra historia tradicional se encuentran en el Libro Cabalístico de Enoch, que fue traído de Abisinia y traducido del copto al inglés durante el presente siglo. Enoch, abrumado de dolor a causa de la maldad de la humanidad, suplicó a Dios que los llevara a los caminos de la Luz y la Verdad, para que pudieran conocer, temer y amar el santo nombre de la Deidad.

Mientras reflexionaba así sobre cómo rescatar a la raza humana de sus pecados y del castigo debido a sus crímenes, soñó que la Deidad en forma visible se le aparecía, diciendo: «¡Enoch, tanto tiempo has anhelado conocer mi verdadero nombre; levántate, sígueme y te será revelado!». Entonces le pareció a Enoch como si fuera arrebatado en las alas del viento y en un instante transportado a la cumbre de una alta montaña, cuya cima estaba oculta en los Cielos y parecía alcanzar las estrellas. Allí percibió entre las nubes, en letras de luz brillante, la Palabra Misteriosa y Omnífica, cuya pronunciación le fue entonces dada a conocer. De repente se encontró descendiendo perpendicularmente a las entrañas de la tierra, pasando a través de nueve departamentos subterráneos, techados con un arco, el ápice de cada uno formando una piedra clave, teniendo inscritos en ella caracteres misteriosos, emblemáticos de nueve nombres o atributos por los cuales la Deidad era conocida por nuestros antiguos hermanos.

En el noveno y más bajo arco percibió un pedestal de mármol, en el que estaba grabado el mismo Nombre Misterioso y Omnímodo que le fue revelado en la montaña. Al despertar, Enoch aceptó su visión como una inspiración del Cielo y viajó en busca de la montaña que vio en su sueño. Agotado y cansado, descansó en la tierra de Canaán, entonces ya poblada por los descendientes de Adán. Con la ayuda de su hijo Matusalén, construyó en las entrañas de la montaña nueve apartamentos, cada uno de ellos techado con un arco y provisto de una clave con caracteres misteriosos, tal como los había visto en su visión.

Una vez terminada esta labor, hizo dos deltas de oro purísimo, grabando en cada uno de ellos dos de los misteriosos caracteres. Colocó uno de los deltas sobre un pedestal de mármol, que erigió en el arco más profundo, tal como se le había mostrado en sueños, y conservó el otro.

Una vez realizada esta labor, cerró la abertura en la parte superior con una piedra cuadrada, habiendo grabado en sus lados los jeroglíficos que hoy os han sido interpretados. También erigió sobre el Arco Sagrado un templo sin techo, de enormes piedras sin labrar, para gloria del Sublime Arquitecto del Universo.

Para que el conocimiento de este lugar sagrado y el tesoro que contenía pudieran sobrevivir al diluvio, que Enoch sabía que pronto abrumaría al mundo en un vasto mar de ruinas, levantó dos columnas en la colina, una de bronce para resistir el agua, la otra de granito para resistir el fuego. En la columna de granito inscribió una descripción de los arcos subterráneos, en la otra los rudimentos de las artes y las ciencias. La columna de granito fue arrastrada por el diluvio hasta convertirse en una masa informe, pero la de bronce se mantuvo firme durante siglos después del diluvio.

Este monte se encontraba en Tierra Santa, frente al monte Moriah, donde el rey Salomón erigió su glorioso templo; más tarde recibió el nombre de Sion y fue allí donde estuvo el arca de la alianza hasta el año sabático 1045 antes de la era cristiana, cuando fue traída desde la casa de Aminadab, en Kitjath-jearim, por el rey David y sesenta mil hombres escogidos de Israel.

Habiendo terminado Enoch la Bóveda Sagrada, dio a su hijo Mathuselah, el delta que retuvo, con el estricto encargo de dárselo a su nieto Noé; esto se cumplió según su deseo. Después de esto, Noé entró en el arca con sus tres hijos y sus familias y fueron, por voluntad Divina, preservados del diluvio que destruyó al resto de la raza humana.

Mizraim, nieto de Cam, condujo colonias a Egipto y sentó las bases de ese reino. Los colonos llevaron consigo el delta sagrado del Patriarca Enoch y lo confiaron al cuidado de los hierofantes o sacerdotes, que lo conservaron cuidadosamente en sus espléndidos templos a orillas del Nilo. Hermes Trismegisto, considerado el intérprete de los dioses, era uno de los más sabios de los hierofantes; descifró los caracteres sagrados del obelisco de bronce y fue el inventor de muchas artes útiles; a él se atribuyó la reforma del año egipcio. Profetizó que se levantaría en Oriente un gran rey que erigiría un magnífico templo, para gloria del Sublime Arquitecto del Universo y cuyo renombre penetraría hasta las partes más remotas de la tierra; y encargó a los sacerdotes que transmitieran sus instrucciones para que, cuando se levantara este gran rey, le entregaran en custodia el delta sagrado del Patriarca Enoch.

Esta profecía se cumplió en la persona de Salomón, durante el reinado de Hiram de Tiro, quien le inició en los Misterios que se habían propagado desde Egipto y le entregó el delta sagrado que Salomón hizo suspender en el Este de su salón de audiencias. Es un símbolo de la verdad divina.

Desde la época de Enoch, la verdadera pronunciación del nombre sagrado permaneció desconocida, hasta que el Todopoderoso se complació en revelársela al profeta Moisés, cuando le ordenó que fuera a ver a Faraón y le hizo sacar a los hijos de Israel de la esclavitud, diciéndole: «Ciertamente he visto las aflicciones de mi pueblo que está en Egipto y he oído su clamor, a causa de su amo de tarea; porque conozco sus penas».

Y dijo Dios a Moisés: «YO SOY EL QUE SOY»; y él dijo:

Así dirás a los hijos de Israel: «YO SOY el que ha enviado a vosotros».

Además, dijo: «Yo soy el Dios de tu padre, el Dios de Abraham, el Dios de Isaac y el Dios de Jacob. Yo soy Jehová y aparecí a Abraham, a Isaac y a Jacob, con el nombre de El Shaddai, pero por mi nombre Jehová no me conocieron».

Moisés reveló el nombre sagrado a Aarón, a Josué hijo de Nun y después fue comunicado a los sumos sacerdotes y a los setenta ancianos. Como la palabra se componía sólo de consonantes, la pronunciación se perdió, excepto para los pocos favorecidos por el Todopoderoso.

Salomón, deseoso de erigir un templo en el Monte Sion, eligió como lugar el sitio en el que antiguamente se encontraba el Templo de Enoch, y con este fin ordenó que se retiraran las piedras y los escombros. Nuestras tradiciones masónicas dicen que Benaiah, el Capitán de la Guardia; Stolkin, quien descubrió la ramita de acacia en la tumba temporal de H. A.; y Johaben, un oficial favorito, a quien has tenido el honor de representar, fueron encargados de reconocer el terreno y poner los cimientos. Al hacer esto, descubrieron y trajeron hasta el Rey Salomón e Hiram de Tiro, esos importantes objetos por los que hemos sido capaces de recuperar la palabra perdida de un Maestro masón.

Tito Zadoc, el sumo sacerdote, fue elevado a este grado después de la muerte de H. A., para honrar al gran siervo del Altísimo, que era el rey más poderoso entonces sobre la tierra, cuya sabiduría excedía con mucho la de todos los hombres y se situaba por encima del gran y erudito Hiram, rey de Tiro. El resto de los que fueron admitidos a este grado obtuvieron la entrada en el obelisco sin asistencia, pero al Sanctum Sanctorum o Lugar Santísimo, sólo con permiso y en presencia de

Tito Zadoc, el sumo sacerdote y teniendo el glorioso velo del Templo, que separaba el lugar santo del santísimo, o Sanctum Sanctorum, echado a un lado por doce sacerdotes, que representaban a las doce tribus de Israel; se les permitía, durante la lectura de la ley por los sumos sacerdotes de las tribus de Israel, contemplar aquel glorioso tesoro, expuesto en debida forma por el sumo sacerdote. En el arco privado del rey Salomón entraron los sumos sacerdotes, acompañados por el propio rey Salomón e Hiram, rey de Tiro, mientras los nueve grandes oficiales custodiaban los nueve arcos que conducían desde la residencia del rey en el monte Sion hasta el arco bajo el monte Moriah; y en este lugar solemne y secreto se tomó la obligación de este grado en presencia de los sumos sacerdotes y de los reyes de Jerusalén y de Tiro.

Los arquitectos tirios, u hombres de Gebal, empleados en Jerusalén eran los sucesores de los artífices dionisíacos, que en una época remota habían llevado las artes de Egipto a las costas de Asia Menor. Eran iniciados en los Misterios Dionisíacos y famosos por su destreza en el trabajo de los metales, la madera y la piedra y en todo lo que fuera grande y ornamental en arquitectura. Ya habían erigido el templo de Hércules en Tiro y muchos edificios magníficos en Asia Menor.

Los israelitas, pastores y labradores de la tierra, se vieron en la necesidad de emplear a estos dionisíacos, y cien mil hermanos se reunieron en Jerusalén para trabajar en sus logias simbólicas para la gloria del Sublime Arquitecto del Universo.

Desde el día en que el inspirado Salomón construyó su Templo, la Ciencia Masónica extendió sus benéficos rayos desde el Nilo hasta el Jordán; los pueblos se unieron alegremente en dulce y cordial fraternidad; el fuego sagrado ardió en Caldea, su antorcha pacífica iluminó toda Judea; en resumen, la paz reinó en todo Oriente hasta que el infame Cambises llevó la espada y el fuego a Egipto e hizo de él un teatro de devastación y muerte. En este espantoso derrocamiento, la civilización fue detenida de golpe, pero aunque nuestra Sublime Institución dormitaba, no se extinguió. Después de poco tiempo oímos hablar de ella como una escuela secreta que abarcaba dos clases u órdenes divididas en grados, operativa o artesanal y especulativa o contemplativa, que tenía signos y palabras, algunos de los cuales se sabe que son idénticos a la masonería moderna; íntima con la sabiduría egipcia pero que la transmitía oralmente, poseía los nombres de los ángeles y una interpretación simbólica y cabalística de las Escrituras cuyas reliquias se encuentran en nuestros Colegios y Capítulos; la doctrina dual del bien y del mal y una sublime Filosofía Espiritual.

EL NOMBRE INEFABLE

CABALLERO, el Rito Antiguo y Primitivo es el sistema que enseñó a los patriarcas de la antigüedad a rendir homenaje al Sublime Arquitecto del Universo. Tiene por base la creencia en la existencia de Dios y la inmortalidad del alma; por objetivo la práctica de la benevolencia y la virtud.

Es la cadena fraterna que une a los hermanos en lazos de Fe en Dios que redime, de Caridad que bendice y de Esperanza en la inmortalidad.

Estos grados se basan en el conocimiento, la creencia y la adoración de la Palabra Sagrada, o nombre de Dios, que es el fundamento de todas las ramas de la masonería y la religión, antigua o moderna. «En el principio era la *palabra* y la *palabra* estaba con Dios y *la palabra era Dios*». Esta misma palabra, por misteriosa que pueda parecer a los profanos, ha sido entendida y considerada sagrada por todos los masones que han sido exaltados a los altos grados, en todo el mundo; la creencia en la eternidad de Dios es el fundamento de todas las religiones conocidas en el mundo.

Nuestros antiguos hermanos hebreos reconocían doce nombres misteriosos o cabalísticos con los que expresaban los atributos de la Deidad, a saber, tres nombres de tres letras cada uno, Jod, Jao y Jah; tres nombres de cinco letras cada uno, Eliah, Joheb y Jobel; tres nombres de siete letras cada uno, Shaddai, Adonaih y Jakinai; y tres nombres de nueve letras cada uno, Jahbulaum, Eleharman y Yod-he vo-he. Estas letras combinadas dan los signos numéricos y se explican así; 3x3 = 9; 3x5 = 15; 3x7 = 21; 3x9 = 27.

Luego sumando 9, 15, 21 y 27 la cantidad es 72, siendo el número del Sanedrín de Jerusalén.

Ya estáis familiarizados con el hecho de que la verdadera pronunciación del nombre de Dios le fue revelada a Enoch y que él grabó las letras que componían ese nombre en una placa triangular de oro. El nombre estaba representado por cuatro consonantes hebreas, y los sonidos vocálicos de esta lengua, que estaban representados por puntos colocados sobre las consonantes que componían la misteriosa palabra, recibieron diferentes pronunciaciones en diferentes épocas. Por ello, aunque el método de escritura de esta palabra permaneció uniforme, su pronunciación sufrió muchos cambios. Estos cambios constituyen lo que se denomina las diferentes edades de la masonería. Estas son tres y se estiman así: Después de la muerte de Enoch el Nombre Inefable fue pronunciado por Mathuselah, Lamech y Noah, JUHA (Ye-haw), tres edades. Reu, Serug, Nahor, Terah, Abraham, Isaac y Judá, JOVA, (Yo-waw), siete edades. Sem, Arafaxad, Salah, Eber, Peleg y Hezron, JEVA (Ye-waw), cinco edades. Hezron y Ram, JEVO, (Yay-wo), Aminadab y Nahasson, JEVAH, (Ye-way), Salom, Obed y Boaz, JOHE, (Yo-hay) y por Jesse y David, JEHOVAH (Ye-ho-waw), en total nueve edades. La verdadera pronunciación del nombre fue revelada a Enoch, Jacob y Moisés y por esa razón no son nombrados en esta enumeración. El número perfecto se forma así: la suma de las edades de la masonería, 3, 5, 7 y 9 = 24, multiplicada por 3 da el producto, 72, al que se añade el número de palabras corrompidas, 9, la cantidad es 81. la edad de un Caballero de la Bóveda Secreta. Las palabras misteriosas que recibiste en los grados anteriores son todas otras tantas corrupciones del verdadero nombre de Dios que estaba grabado en el triángulo. Moisés no pidió el verdadero nombre de Dios, sino su verdadera pronunciación, que se había perdido por la maldad de la humanidad. Se promulgó en la ley mosaica, que cualquiera que mencionara el nombre de Jehová blasfemando debía ser apedreado hasta la muerte y por esta razón el nombre siempre ha sido llamado Shemhampheraush, el «nombre impronunciable».

Aquí termina toda la masonería relacionada con el Templo erigido por Salomón. En su comienzo un hermano selló la verdad con su sangre; y en su destrucción, en medio de la maldad de la gente, todavía se encontró un hermano cuya integridad era igual a la de nuestro Gran Maestro operativo. Que vosotros y todos los masones de nuestro Rito Antiguo y Primitivo emuléis su valor en la causa de la verdad. Así nuestra amada institución será honrada por el mundo y nuestro santuario bendecido por el cielo; y la luz de nuestra verdad brillará como la estrella de la mañana en medio de una nube, como el sol brillando en el templo del Altísimo, como el arco iris dando luz en las nubes brillantes, como el aroma de las rosas en la primavera del año, como los lirios junto al agua y como el árbol de incienso en verano, como el fuego y el incienso en el incensario y como un vaso de oro engastado con piedras preciosas, como un hermoso olivo que brota su fruto y como un ciprés que crece hasta las nubes. Y cuando nos pongan las vestiduras de la muerte, que resulten ser las vestiduras de la perfección para el ojo que todo lo ve del S.A.D.U., para que Él pueda nombrar a cada uno de nosotros guardianes de su resplandeciente santuario de la verdad y de una vida eterna, donde hay amor y paz y gozo indecible, en la divina presencia de Aquel que era, que es y que siempre será, por los siglos de los siglos. Amén.

MISIÓN DE LOS CABALLEROS DE LA ESPADA

ES LA MISIÓN de los Caballeros de la Espada liberar a nuestros hermanos de la miseria; trabajar constantemente por el bien general de la humanidad y combatir los vicios y pasiones que la degradan. Buscar, en las maravillas visibles del universo, el conocimiento del Sublime Arquitecto del Universo y de sus perfecciones. Ser siempre dóciles a la voz de la naturaleza, que es la de la razón y la conciencia; practicar la virtud, huir del vicio y estudiar para conservar una conciencia exenta de ofensa.

Nuestra orden es una institución basada enteramente en la caridad y el amor; entre las virtudes que enseña hay que situar en primer lugar la abnegación de sí mismo y la devoción al bienestar general. Como institución de la más alta antigüedad, nuestra orden ha sido el asilo de los hombres más ilustres de todas las épocas. Sus dogmas, que descansan sobre los principios más seguros de la fraternidad, han suscitado la admiración de los hombres de todas las épocas; y es igualmente evidente que las verdades que encierra han llegado hasta nosotros, inalteradas al atravesar las diferentes fases de la civilización de las naciones.

Los verdaderos hermanos de todas las épocas han tenido un solo objetivo y han trabajado para cumplir una sola misión. Este objetivo, esta misión, es el estudio de la sabiduría que nos permite discernir la verdad. Nuestro trabajo es el de desarrollar la razón y la inteligencia y cultivar así las cualidades benéficas del corazón humano y la represión de sus vicios. En todos los tiempos nuestros hermanos se han distinguido por su amplia tolerancia. Admiten sin distinción a todos los hombres de alma elevada, de modales apacibles y de probidad reconocida, cualesquiera que sean sus opiniones religiosas. En el interior de nuestros Templos no se encuentran ni israelitas ni musulmanes, ni judíos ni cristianos, ni católicos ni protestantes; sólo hay Hermanos que trabajan en común para iluminarse mutuamente y alcanzar así un estado superior de perfección moral.

Ese Ser Divino, el Sublime Arquitecto del Universo, que recibe los votos de los iniciados, sólo escucha palabras de paz y concordia; los acentos de los corazones elevados a él, rogando que se fortalezcan nuestros lazos fraternales. Nuestra regla es permanecer como testigo neutral e impasible de todas las disensiones políticas y nunca tratar de armar al plebeyo contra el patricio. Hermano mío, adora a tu Dios, protege a tu patria, apoya a los débiles, consuela a los desafortunados; sé siempre indulgente con los tuyos y severo sólo contigo mismo. Hijo, respeta y honra a tu padre, ama tiernamente a la madre que te llevó en su seno. Padre, haz de tus hijos ciudadanos honorables y útiles; que sus oraciones infantiles se eleven al Ser Supremo, implorándole con acentos que dulcifique los sufrimientos que soporta la humanidad; edúcalos para que en el futuro su patria pueda contar con su capacidad, intelecto y armas.

CAUTIVERIO DE LOS ISRAELITAS

CABALLERO, has recorrido una época para siempre memorable para los obreros del segundo templo y sus sucesores. Redoblad vuestra atención a lo que aún os queda por conocer y aprended a aplicarlo con justicia. el Sublime Arquitecto del Universo castigaría el orgullo de una nación rebelde sin desecharla del todo.

El fuego sagrado del templo se ocultó, pero no se extinguió. Durante su cautiverio, la nación meditó más fructíferamente que en el pasado, sobre sus leyes y ceremonias; cesó su ceguera; reconoció la verdadera causa de sus desgracias y después de setenta años de esclavitud recobró su libertad.

En este cautiverio, el pueblo tuvo la oportunidad de estudiar la religión espiritual pura de los hijos de Jafet, que, en Persia, había abandonado por completo todas las representaciones sensuales, como las que habían contemplado en Egipto al culto de Osiris y entre las naciones cananeas vecinas a El y Bel. La fe zoroástrica les decía: Sed buenos, amables, humanos y caritativos; amad a los vuestros, consolad a los afligidos, perdonad a los que os han ofendido. Daniel había sido ascendido al cargo de jefe de los Magos, Astrólogos y Adivinos. Esdras reeditó las Escrituras judías y no cabe duda de que el contacto con la fe de Ciro modificó esa propensión a la idolatría que hasta entonces había oprimido al pueblo. A partir de este momento, la nación empezó a esperar la llegada de un Mesías, que restauraría de nuevo la gloria del reino.

Zorobabel, descendiente de los príncipes de su nación, tuvo el valor de volver al frente del pueblo de Jerusalén, para restablecer el templo sobre sus antiguos cimientos. Para ello llevaba la espada en una mano y la paleta en la otra, porque le molestaban sus enemigos. Muchos de los que estaban dispersos entre los pueblos vecinos, al enterarse de la noticia de la reedificación, acudieron a ofrecer su ayuda, pero no fueron admitidos hasta haber dado pruebas de su celo y valor, mediante rigurosas pruebas a las que fueron sometidos. Después de muchas dificultades, los obreros consiguieron asentar el templo sobre sus cimientos; pero difería del primero, en cuanto a que los sentimientos suscitados eran también diferentes. Los antiguos que habían visto la gloria y el esplendor del primer Templo derramaron lágrimas de amargura; pero el Sublime Arquitecto del Universo los consoló con un acontecimiento que les demostró que habían hallado gracia ante sus ojos y que volvería a morar entre ellos. El nuevo templo fue terminado, el Altar del Sacrificio y el de los Perfumes reconstruidos y el pueblo instruido en las leyes por Esdras. Nehemías dispuso todo para la solemne dedicación del templo y sabiendo que el fuego sagrado había sido escondido en un pozo seco y profundo en la destrucción del templo, envió a los sacerdotes a buscarlo. Al no encontrar allí fuego alguno, sino sólo agua espesa y fangosa, él, lleno de confianza, la tomó y la vertió sobre el altar; se encendió al instante y consumió los sacrificios en presencia del pueblo, que se entregó a la más pura alegría ante un acontecimiento que volvía a elevar la gloria de la nación.

EL TEMPLO DE JERUSALÉN COMO TIPO MASÓNICO

CABALLERO, no hay nada estable en este mundo; los monumentos más sólidos, las instituciones más veneradas, están sujetos a esta ley. Sólo la virtud es inmortal y hace al verdadero masón inatacable en todos los acontecimientos de la vida. En las grandes revoluciones el hombre ordinario sólo ve las causas físicas que las han preparado y producido; pero el sabio sabe que hay una Providencia en el consejo secreto de Su justicia que dispone y dirige los acontecimientos para el cumplimiento de Sus designios. Los grados por los que has pasado te han enseñado lo que el Rito Antiguo y Primitivo espera de ti. Te han hecho sentir la necesidad de purgar tu alma de los vicios y de las pasiones y prejuicios que oscurecen el intelecto y privan al alma de toda su energía. Al mismo tiempo, nos han demostrado vuestro celo, docilidad y amor a la Orden y a la humanidad. Te hemos considerado digno de la recompensa que está a nuestra disposición. Hermano mío, ¿estás finalmente decidido a seguir este nuevo camino que se abre ante ti? El hombre ordinario tiene a menudo la virtud en los labios, pero el verdadero masón la lleva en el corazón. Examínate seriamente, hermano mío, y responde.

El Templo de Jerusalén es el gran tipo de la masonería. Las revoluciones que ha sufrido os recordarán los cambios que ha sufrido la Orden Masónica en diferentes épocas. La masonería instituida por los jefes de los obreros del Templo de Salomón y reconstruido por Zorobabel, no presenta sino los principios sólidos y la moral pura que tienden a hacer al hombre mejor y más útil a los demás; a enseñarle sus deberes y a elevarlo a la dignidad de su existencia. Mientras se practicó sobre esta base, la Orden floreció necesariamente y todos sus miembros fueron respetados. Tal fue su primer estado, que os figura el Templo de Jerusalén, que estaba en su esplendor bajo el rey Salomón y era la gloria de todas las naciones. Pero desde el momento en que se introdujo la indolencia en la Orden y se admitieron miembros poco dispuestos a seguir sus principios y se descuidaron las virtudes prescritas y se introdujeron vicios hasta entonces desterrados; entonces se vio una mezcla inestable de hombres dignos,-en modales, conocimientos y benevolencia,- con otros que, no teniendo más que la apariencia de esas virtudes, con la insultante arrogancia del vicio, dieron un golpe mortal a la reputación de que gozaba la masonería. La envidia, los celos y la calumnia, dieron origen a poderosos enemigos; sus ceremonias y prácticas misteriosas llegaron a ser sospechosas y sirvieron de pretexto para imputaciones más graves, injusticias y persecuciones, de las que tan a menudo y tan severamente ha sufrido. El orgullo, tan familiar al hombre que ha perdido de vista todo lo que debería humillarle, el orgullo de pertenecer a un cuerpo que durante tanto tiempo había excitado la admiración de todos los que lo conocían, fue la fuente de todos sus males. Los vicios que de ello se derivaron estallaron sobre toda la Orden; fue perseguida y perdió su prestigio. El segundo y degenerado estado de nuestra Orden, renovado por la conducta impropia de muchos de sus miembros, os lo representa el incendio y saqueo de Jerusalén y su Templo. Pero, como en aquella revolución se conservaron sus cimientos, así también los verdaderos masones, cediendo por un tiempo al torrente, han guardado cuidadosamente el precioso depósito que les fue transmitido y cuando han visto que una multitud de masones, como los israelitas, reparaban sus faltas, entonces han vuelto a sacar a la luz aquellas reglas en todo su primitivo esplendor. Como Esdras, de antaño, han hecho sentir a la fraternidad masónica la necesidad de purgar las logias de las innovaciones que el segundo estado de la Orden había introducido. Así, el Templo ha sido reedificado, la palabra sagrada ha sido reencontrada y la masonería ha reanudado su antigua gloria, que se conservará mientras los masones mantengan a la vista los principios invariables sobre los que se funda. Este es el estado actual de la Orden que os representa la tercera época del templo restablecido por Zorobabel. Nos queda por explicar la relación de Hiram Abiff con la Orden. Hiram, el sublime obrero, dotado, según las Sagradas Escrituras, de inteligencia y de una rara ciencia, apellidado Abiff, que, según algunos, significa «enviado de Dios». Este hombre, venerado por Hiram, rey de Tiro, como un padre, estimado, apreciado y honrado por Salomón, que se dejó guiar por sus consejos, es a la vez el padre y el modelo de los verdaderos masones, el tipo particular de la Orden y de los tres estados de los que os he presentado el cuadro. La historia de su asesinato por tres compañeros de oficio es una ingeniosa ficción, favorecida por el silencio de las sagradas escrituras; sin embargo, vela grandes verdades para el masón que quiera instruirse. Cada circunstancia de su vida y del luctuoso acontecimiento que los masones celebran en sus obras, enseña las virtudes que deben practicar, de las cuales el ejemplo está ahora ante vosotros. Hiram, viviendo respetado, apreciado y dirigiendo a todos, representa a la Orden en su estado primitivo, cuando sólo era conocida por sus buenas obras y por la admiración que suscitaba. Hiram, en el templo, rezando cada noche cuando los obreros se habían retirado, enseña a los masones que deben más al Ser Supremo que a los profanos. Hiram asesinado por tres compañeros que querían arrancarle la Palabra, indica el peligro de las pasiones violentas, que pueden llevarnos a los mayores extremos si no se reprimen en seguida; y la injusticia de los que, sin tomarse la molestia de trabajar ellos mismos, arrancan a los demás sus descubrimientos y participan con ellos de sus frutos. La negativa de Hiram enseña que la discreción debe ser siempre la virtud favorita de un masón. Por último, su trágica muerte anuncia el segundo estado de la Orden, sucumbiendo por la mala conducta de algunos de sus miembros, designados por los compañeros, bajo los caracteres de avaricia, calumnia e injusticia. Hiram, el tipo particular de la Orden masónica y de las tres épocas, se os presenta hoy como resucitado de entre los muertos. Ayudadnos a revivirlo, rodeado de las virtudes que practicó y que lo conducirán a la inmortalidad a la que deben aspirar todos los que quieran imitar su fidelidad a la verdad y al honor.

INSTRUCCIÓN DEL GRADO ROSACRUZ

AHORA RESTA revelaros, más ampliamente, las doctrinas místicas del nuevo grado que habéis obtenido; porque los ojos de un recién iniciado son demasiado débiles para sostener la brillantez de la luz masónica, si se exponen sin la debida preparación y es por esta razón que numerosos peldaños van a la formación de la escalera simbólica de nuestra venerada institución. Moisés, tembloroso, vencido ante los fuegos del Sinaí, ni atreviéndose a traspasar la zarza ardiente, que le separaba del Gran Jehová, es un emblema palpable del profano que viene a buscar la verdad en nuestros Templos; sólo puede adquirirla por la constancia en todas las pruebas a que es expuesto y por una fe viva en nuestra sublime institución. Un hombre desprovisto de fe sólo es sabio según el mundo; recuérdese que Pitágoras, el más grande de los filósofos griegos, instruido en la sabiduría de Egipto, exigía a sus discípulos un largo noviciado del que el silencio y la fe eran la base: «El Maestro lo ha dicho». Era la respuesta todo suficiente a ciertos sofistas, o grandes profesores del arte de dudar, que no es conocimiento sino la negación del mismo.

Libérate de las trabas materiales, si deseas proseguir gloriosamente tu carrera masónica. Estudia nuestros símbolos; la alegoría es la voz de la sabiduría; purifica tu corazón; difunde en el mundo las palabras de sabiduría; enseña a la humanidad a perfeccionar las artes útiles; a amarse unos a otros; y a guiar a los que se apartan de los sentimientos de virtud; instruye a los ignorantes y consuela a los que sufren.

Al principio y antes del establecimiento de las sociedades, el hombre, nacido puro, parecía tener por instinto o intuición divina, las virtudes más nobles y las inspiraciones más generosas; la bondad le era natural y como el mal no existía, no podía comprenderlo.

El amor a los suyos y la caridad, ese rayo dulce y puro del poder increado, era el único móvil de sus acciones.

Vivía en los demás más que en sí mismo y lo reducía todo a una sola palabra: Amor. No veía en el prójimo más que a un hermano con el que compartía sin vacilar. Esta época feliz, la edad de oro, ha pasado, pero el poder de recordarla es la misión de la masonería.

Y, en efecto, ¿qué hay más divino que la moral de la masonería? ¿Qué más sublime que esta Caridad, que es su alma? Amar al hombre como a sí mismo, amarlo en Dios y por Dios, sin reserva ni excepción; amar incluso a nuestros propios enemigos, olvidar las injurias, perdonar las ofensas, vencer el mal con el bien; alegrarse con los que están en la alegría y afligirse con los que sufren; iluminar a los que están en las tinieblas; reclamar en secreto a los que yerran; asistir a los desgraciados; no juzgar precipitadamente para no juzgarnos a nosotros mismos; considerar nuestros talentos como prestados para el uso del Sublime Arquitecto del Universo, en la economía de su providencia; cumplir por principio consciente todos los deberes que nuestra posición nos impone; nunca buscar nuestro propio interés, sino sacrificarlo por el bien general; respetar a Dios en aquellos que ha establecido para nuestro gobierno. He aquí, Caballero, en esta descripción, lo que la masonería nos prescribe, respecto a los hombres y a la sociedad; y lo que el verdadero masón realiza cada día por su conducta; bueno, sensato, afable, compasivo, generoso, misericordioso y clemente; súbdito fiel, amigo sincero, esposo digno, padre bueno, hijo tierno, maestro cuidadoso y vigilante, lleno de caridad y consideración para con todos; prevé todas las necesidades, cumple todas las leyes, satisface todas las necesidades benéficas, sigue todos los deseos honestos y se entrega a las buenas obras y a la benevolencia. Unido a todos los hombres por sus lazos de fraternidad, volará en su favor hasta los confines de la tierra y, nuevo apóstol, llevará, si puede, la verdad, la justicia y la paz a todos los corazones. Si tuviéramos un mundo de verdaderos masones la tierra sería la estancia de la inocencia y la felicidad. Sed, pues, caritativos, porque somos la imagen de Dios en la tierra.

Nuestra sublime institución no es menos digna de nuestra admiración y homenaje que las virtudes que nos inspira. Al amor propio opone la renuncia a nuestra propia voluntad y el odio a todos los deseos ingobernables; a nuestro orgullo, el conocimiento de nuestra nada, produciendo sentimientos de profunda humildad; a la codicia, el espíritu de liberalidad; al lujo, la mortificación; al deseo vivo del bien sensual, el deseo del bien celestial y espiritual; a los arranques de humor, la dulzura y la paciencia; todo en fin lo que tiende al uso de todos los bienes con moderación y sabiduría, para que seamos puros y capaces de defendernos hasta del pensamiento del mal.

Cuanto más estudiamos la masonería, más descubrimos en ella esas características de la verdadera sabiduría que arrestan, encantan y penetran el corazón con amor: y la mente con admiración. Decidme, os lo ruego, de un exceso que no culpe; de un mal bajo sus ojos que no intente remediar; de una pasión sin freno; de un desorden sin condena; de una buena obra sin recompensa. Qué admirable sabiduría en las máximas de nuestra orden, en el amor que la rige, en la amistad que la santifica, en la mundanidad que modifica, en los talentos que ennoblece, en el amor propio que corrige; en la prosperidad de la que muestra las arenas movedizas; en la adversidad de la que mitiga la pesadez, en los deberes de los que nos inspira el amor. Incluso en la muerte modifica en nosotros el miedo a ella, despierta el deseo de ella y apacigua sus horrores. No olvidéis pues, Hermanos Caballeros, que el dolor y el placer pasan como una sombra, la vida se agota en un instante; nada en sí misma, su valor depende de su empleo. Nuestras ceremonias os aseguran que el masón llega a la iniciación completa sólo a través de la puerta de la muerte.

No penséis que un ser es puesto en la tierra por casualidad, simplemente para vivir, sufrir y morir. No, la vida humana tiene una finalidad, un fin, un objeto moral; el hombre debe emplear la vida en beneficio de los vivos, ni dar un solo paso en el camino de la tumba sin encontrar algún deber que cumplir. Marca, pues, tu paso por la tierra con alguna obra digna de permanecer en la memoria de los hombres. Glorifiquémonos de aportar cada uno nuestra piedra a la erección de nuestro admirable edificio; apliquemos todas las fuerzas de nuestra alma para hacernos dignos de nuestra noble tarea.

HISTORIA DEL GRADO ROSACRUZ

TENGO AHORA que informaros, hermanos, de que la Orden de la Rosacruz es de la más alta antigüedad y tiene un doble origen asignado, uno histórico y otro filosófico. Fue fundada por Ormus, que era un Sacerdote Serapiano en Menfis y amigo de los Apóstoles Cristianos. Convertido por San Marcos en el año 46, reformó las doctrinas y ceremonias de los egipcios mediante el reconocimiento de la ley de los Apóstoles. Sus discípulos se unieron a los esenios, que habían fundado logias o escuelas de ciencia salomónica y viajaban desde Oriente para propagar sus doctrinas secretas en Occidente, donde instruían a sus alumnos en los misterios de la religión y la filosofía. La Sociedad se dividió así en dos sectas u órdenes, conocidas como conservadores de los secretos mosaicos y conservadores de los secretos herméticos, o las doctrinas del egipcio Thoth. Los Rosacruces del siglo XII, eran filósofos herméticos, que derivaban de una asociación anterior venida de Oriente, con la misión de propagar las ciencias secretas en Occidente.

Tres de ellos fundaron en Gran Bretaña un seminario filosófico, donde enseñaban las ciencias sublimes. De ellos, algunos se unieron a los cruzados para luchar en Palestina, codo con codo, con aquellos valerosos macabeos y llegaron a ser conocidos como Caballeros de Palestina y Caballeros de la Rosacruz, constituyéndose en asociaciones armadas para la protección de los peregrinos que visitaban la Ciudad Santa; allí cultivaron nuestros misterios y los confiaron a Guarimont, Patriarca de Jerusalén y a Hugh de Payens en el año 1118.

En Alemania, se cuenta que un tal Christian Rosencreutz nació en 1387 y haciendo un viaje a Tierra Santa tuvo en Damasco algunas conferencias con sabios caldeos de quienes aprendió las ciencias ocultas; después de lo cual se perfeccionó en las Logias de Egipto, Libia y Constantinopla. La rama rosacruz del árbol masónico constaba principalmente de tres clases, y la promoción de una clase a otra sólo se concedía por méritos. A los candidatos de la primera clase se les exigía poseer un conocimiento verdadero y una moralidad aprobada y haber prestado servicios a la humanidad. El objetivo de la sublime institución era poner a los hombres ilustrados al abrigo del error vulgar durante sus estudios filosóficos e inspirarles fuertes deseos para su perfección moral. para la benevolencia, el amor al trabajo y la práctica de todas aquellas virtudes que dan al hombre, sentimientos delicados y generosos y el amor a la humanidad. El Neófito era admitido en la segunda clase cuando poseía esa feliz disposición que calienta el alma con el entusiasmo; un verdadero Caballero en defensa de los débiles y oprimidos y comprendiendo esa ardiente filosofía que ha producido esos hombres venerados, cuyo paso por la tierra estuvo marcado por grandes beneficios. El ingreso en la tercera clase sólo se concedía a aquellos pocos que, a la sabiduría de espíritu, añadían la moralidad de corazón, la nobleza de alma, la constancia y firmeza de carácter, que son virtudes dignas del cielo y del amor y admiración de los hermanos.

La Cruz Mística está ligada al antiguo culto masónico y formaba parte de su simbolismo, cuyo conocimiento formaba parte de la instrucción secreta. Este signo o símbolo es natural. Los antiguos romanos tenían enseñas, banderas y cruces, doradas y embellecidas. Cuando un hombre, en la hora de una angustia abrumadora, ruega a su Padre que tenga piedad de él, extiende las manos hacia el cielo y hace precisamente la misma figura.

En Egipto, la gratitud analfabeta de un pueblo supersticioso, mientras adoraba al río de cuyas inundaciones dependía la fertilidad de sus provincias, no podía dejar de atribuir nociones de santidad y santidad: a las cruces que se erigían en las orillas del Nilo. En las épocas más remotas, los egipcios, los árabes y los indios lo consideraban el símbolo de la vida futura, de la vida eterna. Para nosotros se ha convertido, como en los días de los egipcios, en el símbolo de la vida venidera, de la eternidad, y servirá para recordar a todos los verdaderos masones que siempre deben estar dispuestos a dar incluso sus vidas por la perpetuación y el triunfo de la verdad. La Rosa que veis sobre la cruz, es el emblema de la discreción. La discreción es una necesidad, no sea que aquellos que se oponen a nuestros principios cierren nuestros templos y dispersen nuestra institución, como han hecho en tiempos pasados. El martirio es infructuoso en nuestros días y no debe buscarse. Todo lo que tenemos que hacer es reclutar hombres buenos y honestos, para que un ejército de masones verdaderos y prácticos se aliste contra tiranos, impostores y fanáticos y les demuestre que sus días de oposición exitosa se han ido para siempre y que su única opción es renunciar a sus armas inútiles y unirse a nosotros. Por lo tanto, no debemos discutir nuestros principios fuera de nuestros templos. Conocemos suficientemente bien la naturaleza humana para estar satisfechos de que el secreto es en sí mismo atractivo y es un medio por el cual hacemos imposible que nuestros enemigos profanos nos asalten con sus sofismas; pues siempre tenemos razón cuando les contestamos diciendo: «Hablas de lo que no sabes.» Para discutir sobre la masonería, un hombre debe ser masón y, una vez admitido, debe ser ciertamente un mal hombre si no la ama con todo su corazón.

Pero debemos ser particulares en nuestras admisiones, especialmente en este grado. Por lo tanto, seamos prudentes y actuemos «Sub Rosâ».

Hermano mío, en nombre de este Capítulo le felicito sinceramente por su admisión a este exaltado grado, que se denomina el *Ne plus ultra* de la Masonería Simbólica en algunos sistemas extranjeros, como por ejemplo el Rito Francés. En vuestro avance ulterior encontraréis un significado más misterioso ligado a la cruz, así como a las letras [I.N.R.I.], que comprenden secretos de la ciencia Rosacruz y sólo pueden darse a conocer en un Senado de Caballeros Filósofos Herméticos.

En algunos capítulos, estas palabras son interpretadas, en un espíritu sectario y erróneo, por las palabras *Jesus Nazarenus Rex Judaeorum*, pero la masonería, Hermano mío, es universal y no sectaria y por lo tanto el Rito Antiguo y Primitivo asigna a estas letras y símbolos su significado primitivo. Créame que estoy seguro de que su buena conducta, celo, virtud y discreción, le harán siempre más y más merecedor del honor que ha recibido hoy y deseamos de todo corazón y sinceramente que su vida se conserve por mucho tiempo para permitirle continuar siendo un miembro útil de nuestro Rito Antiguo y Primitivo y un fiel y devoto apóstol de la Verdad, la Ciencia y el Amor.

LOS MISTERIOS CABIRIANOS

EL DOGMA del Rito Antiguo y Primitivo tiene un solo pensamiento: hacer el Bien; un solo Estandarte: el de la Humanidad; una sola Corona: para la Virtud. Su origen se pierde en la noche de los tiempos. Los historiadores más juiciosos le atribuyen como cuna de su filosofía, las llanuras de Tartaria y la trazan hasta nuestros días a través de los sabios de la India, Persia, Babilonia, Etiopía y Egipto.

En una antigüedad inconmensurable, según los monumentos indios, los Sabios buscaban la luz a orillas del Ganges y en los países de la India inferior. Al igual que nosotros, adoraban la Verdad y la propagaban sin ostentación. Sus doctrinas eran sencillas y carentes de superstición. Adoraban a un Dios Eterno, Creador del mundo, que preserva su existencia y provoca la destrucción para dar lugar a la reproducción.

Esta sencilla teología se extendió por Egipto, India y Persia. Fue cultivada por los Magos. Cambió, como todo cambia en el mundo, y fue reducida a su simplicidad primitiva por un segundo Zoroastro. Sus fieles discípulos siguen existiendo tanto en Etiopía como en la India, entre naciones que ahora no pertenecen a las filas de la civilización. Sus devotos se reunieron en la isla de Meroe y dieron libertad y felicidad a las naciones que gobernaban. Estos benefactores de la raza humana consideraron imposible presentar la verdadera luz a mentes rudas e incultas. Velaron bajo emblemas que la multitud interpretaba literalmente, la Verdad, que tenía sus devotos en los Templos de Saïs, Tebas, Menfis y Heliópolis. Así pues, como en China, Grecia y la antigua Roma, como también entre los ilustrados del mundo moderno, había dos religiones en Egipto: la de la multitud, que se dirige principalmente a los objetos del mundo exterior, y la de los ilustrados, que, haciendo caso omiso de tales objetos, o considerándolos sólo importantes en un sentido alegórico de significado sublime y que abarcan grandes verdades morales, o grandes rasgos de la naturaleza. Cada ciudad de Egipto tenía sus símbolos peculiares. Menfis, la elocuente, asumió para sí el «Cuervo». Tebas, que elevaba sus pensamientos al cielo, decoró su estandarte con el «Águila con el ojo de Fuego». Canopus eligió el «Incienso», emblema del culto divino. La Esfinge, acurrucada a las puertas del Templo, denotaba a los Sabios que velaban por Egipto. Estos Sabios, educados en los solemnes misterios de Heliópolis, Menfis y Tebas, eran los conservadores del Fuego Divino. El Fuego Sagrado de la masonería brilló durante mil años y no se hizo ningún intento eficaz para extinguirlo o debilitarlo.

A orillas del Nilo, mientras los augustos guardianes de las Tradiciones las velaban a los ojos contemporáneos y sólo las comunicaban a los pocos que consideraban dignos de iniciación, otros adeptos, en el interior de África, reuniendo a naciones bárbaras, pulían sus modales, propagaban el conocimiento y, en suma, instituían nuestros misterios secretos entre las ardientes arenas de Nubia y Etiopía. Meroe, por su parte, alumbró a sus gimnosofistas a orillas del Ganges y de las Indias. Zoroastro fundó la Escuela Maga en Persia y Media y sus seguidores conquistaron la Babilonia escita y semítica. Orfeo estableció los misterios de Samotracia, que fueron consagrados a los Cabiri y difundidos entre muchas naciones. Triptólemo dio leyes a Grecia y estableció los principios del conocimiento agrícola y fundó el templo de Eleusis. Abaris llevó la luz al Norte. Los misterios de Menfis se introdujeron por doquier, incluso entre las heladas llanuras de Escitia.

En las primeras edades de la humanidad, todas las ramas de la ciencia, y especialmente la arquitectura, fueron confiadas enteramente a los sacerdotes, o a aquellos que podían admitir por iniciación; pero la religión, tal como la explicaban los misterios, era el gran objeto, y la ciencia uno subsidiario. Tal era ciertamente el caso de los misterios egipcios, y como los de Eleusis fueron llevados a Grecia desde Egipto poco antes de la partida de los israelitas, no hay razón para suponer que estuvieran fundados en principios diferentes. Pero después de un período de cuatrocientos años, durante el cual Grecia había avanzado mucho en su civilización, algunos de los iniciados se apegaron más a una rama que a otra; mientras unos se dedicaban a la religión, otros seguían más de cerca los caminos de la ciencia; y hacia el año 1060 a.C., una parte emigró a Asia Menor y dio a ese país el nombre de Jonia. Aquí los Ritos recibieron el nombre de Misterios Dionisíacos, por una representación de la muerte y resurrección de Baco o Dionisos, y ya no se practicaban principalmente para inculcar la religión, sino como una iniciación o purificación necesaria de la mente, antes de que el candidato pudiera ser admitido a los privilegios de un Arquitecto; porque la construcción era tan peculiarmente el objeto de esta asociación, que sus miembros fueron conocidos después como los Artificadores Dionisíacos. Una de sus principales ciudades era Biblos, la Gebal o Gabbel del volumen sagrado, y la palabra hebrea Gibblim, traducida (1 Reyes V. 18) como escultores de piedras, se traduce en otro lugar (Ezequiel XXVIII. 9) como antiguos de Gebal, lo que significa los habitantes o trabajadores de Gebal e indica con suficiente precisión que los artistas enviados por Hiram, rey de Tiro, a Jerusalén, eran un grupo de estos afamados artífices.

Tras las ceremonias de iniciación, el candidato era conducido ante el Sacerdote Presidente e instruido en la ciencia mística de la institución. Estas instrucciones abarcaban la teología, la moral, la filosofía y la política. Fue bautizado y, como en la Iglesia Cristiana, recibió un nuevo nombre. Éste se grababa, junto con una señal o signo místico, en una pequeña piedra blanca, que así preparada se entregaba al iniciado. Éste la conservaba como un talismán sagrado y la llevaba consigo dondequiera que fuese, como medio de reconocimiento, ya que era eficaz para procurarle alivio en la angustia y seguridad contra el peligro. Era al mismo tiempo el emblema de la victoria sobre el miedo, las tinieblas y el error, y el medio del goce y la paz.

San Juan, del Apocalipsis, fue un iniciado de los Cabiri y aludió a la piedra mística que acabamos de notar, cuando dice: «Al que venciere le daré a comer del maná escondido y le daré una Piedra Blanca y en la piedra un nombre nuevo escrito, que nadie conoce, sino aquel que lo recibe». (Apoc. II. 17.) El Apóstol quiere decir, como el iniciado en los misterios cabirianos, que, con corazón valiente y paso firme, pasa audazmente por la terrible prueba destinada a probar su paciencia, recibe una Piedra Blanca con un nombre nuevo y una inscripción misteriosa en ella, que es un poderoso recurso contra la desgracia y le da inmunidad contra el peligro; así se dará al hombre que venza sus pasiones y triunfe sobre el vicio, seguridad contra el pecado y la miseria. Le elevará a una divina compañía en la fraternidad celestial y a una plena participación en lo sucesivo en los misteriosos goces del Pabellón Secreto de lo Alto. Estos Ritos se difundieron por todas las ciudades de Siria e Hiram, Rey de Tiro, era un Sumo Sacerdote de estos misterios.

Esta Institución existía en Judea en la época de Cristo y es un hecho notable que mientras denunciaba en los términos más severos a los fariseos y saduceos, no dijo ni una palabra contra los esenios, los fieles depositarios del antiguo Rito Cabirio. Que estaba familiarizado con este Rito es seguro, pues no se puede suponer que una mente como la suya pudiera pasar por alto sin la debida consideración una sociedad como la suya, admirada por su amabilidad y gentileza de modales y digna de tantas virtudes. Además de los sentimientos morales, las máximas sociales, la idea de libertad, fraternidad e igualdad, que distinguían a la Orden, no difieren en nada de las enseñanzas de los cristianos sobre las mismas cosas.

Aunque las Logias de Judea estaban compuestas principalmente por judíos, admitían en su Orden a hombres de todas las religiones y de todas las clases sociales, y al igual que los sacerdotes de Egipto, los Magos de Persia y los Gimnosofistas de la India, unían el estudio de la Filosofía Moral con el de la Filosofía Natural. Aunque eran patrocinados por los grandes y respetados por todos los hombres por la corrección de su conducta y la inocencia de sus vidas, fueron perseguidos por los romanos hasta la abolición de su rito, hacia mediados del siglo V.

Después de la construcción del Templo de Jerusalén, la masonería se conservó como resultado de las leyes e instituciones romanas bajo la incorporación de Numa Pompilio, 728 años antes de la era común y mantuvo sus Ritos, especialmente en Gran Bretaña, hasta su amalgama con las Sociedades Herméticas de los últimos tiempos, que emplearon así la masonería como subsidiaria de su propio desarrollo.

El verdadero secreto de los principios masónicos se conserva en nuestra Venerada Arca. Una parte de él se encuentra en las Grandes Logias de Londres, Edimburgo y también en el Convento de los Maronitas, en el Monte Líbano. Ha descendido en la corriente del tiempo, puro e inalterado como era, cuando, desde los Templos de Tebas y Eleusis, excitaba la veneración del mundo.

Mientras que el hombre ordinario se contenta con la apariencia del misterio y se conforma con pronunciar algunas palabras cuyo significado desconoce, el filósofo masón recorre la antigüedad y asciende hasta las causas primarias en el estudio de nuestra institución. Cualquiera que sea el éxito que corone sus fatigas, si la lámpara del estudio le ha guiado a través del laberinto del misterio antiguo, ávido aún de aprender, llamará a la puerta de nuestros Templos. Es entre los sucesores de los Sabios de Menfis donde vendrá a buscar aquello de lo que está sediento.

GEOMETRÍA MORAL

ENTRE las ciencias matemáticas, la Geometría es la que se refiere más especialmente a la Arquitectura, y se comprende así que todo el arte de la francmasonería, todo el ser de la Orden, está comprendido en ella. Los Francmasones, por lo tanto, deberían familiarizarse íntimamente con la Geometría, mientras que los miembros de un Senado de Filósofos Herméticos deberían estudiar nuestra Geometría Moral para poder deducir todas sus acciones de principios Geométricos y purificar por ella el Templo del cuerpo.

La francmasonería es una ciencia que requiere tanto tiempo como experiencia y más tiempo del que muchos hermanos pueden dedicarle; el único tiempo que de hecho pueden dedicarle es durante sus horas de recreo. Por eso es bueno que se comunique por grados, según los reglamentos de la Orden, o la capacidad de comprensión del candidato.

Al igual que en la Geometría, en la masonería no existe un camino real hacia la perfección; el conocimiento de su ciencia sólo puede adquirirse mediante un estudio largo y diligente. Para el candidato que pasa rápidamente a través de los grados, la masonería es tan incomprensible como lo fue el estatuto velado de Isis y se convierte en un zángano inútil en nuestra colmena, o se retira con disgusto de toda participación en nuestros trabajos. Pero el candidato que, por pasos lentos y dolorosos, procede a través de cada departamento de nuestro Templo Místico, desde su pórtico hasta su Santuario, deteniéndose en su progreso para admirar las bellezas y estudiar los usos de cada uno, aprendiendo a medida que avanza, línea sobre línea y precepto sobre precepto, es golpeado con tanta admiración por la institución, tanto amor por sus principios, tanto aprecio por su diseño -como conservador de la verdad divina y agente de la civilización humana- que al final, al contemplar toda la belleza del edificio terminado, se siente inclinado a exclamar, como lo hizo la maravillada Reina de Saba: «¡Un Excelentísimo Maestro debe haber hecho todo esto!».

El vasto y estupendo sistema planetario, obra del Sublime Arquitecto del Universo, es una obra maestra de la mayor sublimidad, en razón de la regularidad del vasto conjunto, que sostiene accidentes pasajeros sin desorden aparente y más aún en razón del maravilloso equilibrio que recorre todas las partes, grandes y pequeñas, animadas e inanimadas. Los procedimientos de la Ciencia de la Geometría son de rigurosa exactitud y conducidos con certeza matemática y por lo tanto un tipo de aquella Geometría intelectual, sobre la cual un hombre de pensamiento bien organizado, que razona con justicia, funda un plan de conducta por teorías exactas y ciertas; toma esta Geometría intelectual por regla de todas sus acciones, para su propio bien y el de los demás en el cumplimiento de sus diferentes deberes con puntualidad, orden y armonía, tal como el gran Creador ha impreso en el gran mundo. del cual el hombre es una copia en miniatura.

EL TABERNÁCULO Y EL TEMPLO

ILUSTRE CABALLERO, nos enteramos por el testimonio sagrado de que Bezalel y Aholiab no sólo fueron los más hábiles en la construcción del Tabernáculo, sino también los más celosos en el trabajo; pero por lo tanto no estamos preparados para ver un milagro en este particular. Pero estamos preparados para ver algo mayor, que es que Dios reclama para sí, como don suyo, la sabiduría que había puesto en ellos; lo que podemos llamar el genio o talento natural, por el cual fueron capaces de adquirir esa habilidad maestra en las artes que ejercieron a su servicio. Creemos que estas dotes les fueron dadas originalmente por Dios y que las circunstancias de la vida que les dieron la oportunidad de hacer estas adquisiciones en Egipto fueron determinadas por él con miras a su empleo final en su servicio.

El sistema judío de masonería, o religión, se componía principalmente de ceremonias, tipos y figuras, que denotaban cosas intelectuales y deberes morales. Este modo de enseñar la moralidad era necesario en aquel período primitivo del mundo; y ¿por qué? Porque ni una persona de cada diez mil, aparte del Sacerdocio, sabía leer. El pueblo no podía entonces exponer sus pensamientos por escrito; por lo tanto, surgió la necesidad de enseñar por medio de signos y símbolos, para que donde éstos golpearan el ojo, suscitaran las ideas correspondientes en la mente y así transmitir las verdades y los deberes morales por medio de la vista y de la operación de herramientas e instrumentos mecánicos.

Cada doctrina y cada ceremonia tienen sus referencias místicas; cada hito sus explicaciones legítimas. Pero a menudo hay antitipos más importantes que los que se asignan comúnmente y aunque no aparezcan en la superficie, son sin embargo en estos tiempos de investigación científica y filosófica, la necesidad de mantener la francmasonería en su rango apropiado, investigando la tendencia de sus numerosos detalles, para que podamos determinar correctamente si su importancia es uniforme y sus referencias típicas valiosas.

Cada símbolo del Tabernáculo de Moisés tenía su significado apropiado, que fue trasladado al Templo de Salomón. Ambos constaban de tres partes: emblemáticas de los mundos Terrestre, Celestial y Angélico, a saber: el Atrio, el Lugar Santo y el Sanctum Sanctorum, el primero contenía el altar, que era de materia terrestre, expuesto al aire en un lugar descubierto, teniendo sobre él un fuego continuo y rodeado de agua, los cuales constituyen los cuatro elementos del mundo terrestre. El segundo estaba en el centro y representaba el firmamento y contenía el altar de oro, la mesa y el candelabro. La tercera era la morada del Altísimo, que, por medio de los ángeles, condescendía a comunicarse con el hombre. Estas tres divisiones son, además, las mismas en las iglesias modernas de la cristiandad, que fueron erigidas por los francmasones. El Sumo Sacerdote Josefo observa que las doce piedras del Efod y los doce panes sobre la mesa, representan los doce signos del Zodíaco e igualmente los doce meses del año. Las siete lámparas se referían a los planetas y las setenta ramas del candelabro indicaban secretamente los Decani, o setenta divisiones de los planetas. Los velos compuestos de lino blanco, púrpura, azul y escarlata, tipificaban los cuatro elementos, tierra, mar, aire y fuego, como también el Efod de cuatro divisiones. Dos partes del Tabernáculo representaban el mar y la tierra y la tercera el cielo. El oro se refería al esplendor que ilumina todas las cosas. La masonería, Hermano mío, fue en todos los tiempos la más noble y saludable de las instituciones y desde las edades más remotas se imprimió en el arte mucha grandeza oculta.

El Tabernáculo en el desierto fue el primer modelo de ese magnífico templo que David había puesto en el corazón de Salomón a la edad de 18 años para erigir en honor y gloria del S.A.D.U.

Este célebre Templo era la imagen simbólica del universo y se asemejaba en sus disposiciones a los antiguos templos misteriosos de Egipto y Grecia. Un sistema numérico estaba en la base del culto al Gran Rey; los números parecen dominar sobre todo en la construcción del gran mundo. El lugar santísimo formaba un cubo correspondiente al número cuatro, con el que los antiguos representaban la naturaleza, la longitud del edificio era tres unidades de la anchura y representaba la trinidad simple; al duplicar las unidades, la trinidad se duplica y al multiplicar el número por sí mismo la trinidad se triplica. Todas las disposiciones del interior del templo responden simbólicamente al mismo sistema. La bóveda estrellada, o firmamento, estaba sostenida por doce columnas, que figuran los doce meses del año; la cornisa que la corona representa el Zodíaco y los doce signos estaban representados por figuras alegóricas, tan bien ejecutadas que parecían animadas. Por último, todas las partes del templo correspondían a las de la naturaleza, los diferentes emblemas indicaban la armonía del mundo entero.

Existen los relatos más fabulosos sobre la riqueza de las disposiciones. El trono estaba colocado en el este sobre siete escalones, que representaban los siete períodos de la creación y siete virtudes: amor a Dios y a los hombres, paciencia, vigilancia, justicia, fortaleza y templanza; virtudes indispensables al hombre para la adquisición de la ciencia y el conocimiento de todas las cosas. El trono era de oro, sus pies de esmeraldas y rubíes, mezclados con perlas del tamaño de un huevo de avestruz. A la derecha estaba la estatua de Jehová, de 40 pies de altura, que contenía mil talentos de oro, sosteniendo en la mano un cetro de oro, enriquecido con diamantes. A la izquierda había una estatua femenina de plata, que contenía mil talentos y sostenía un bastón de serpiente; los lados del trono tenían representaciones de frutas y flores en piedras preciosas. El primer escalón del trono representaba vides cargadas de uvas, todas compuestas de piedras preciosas labradas de modo que representaban los delicados matices de las distintas frutas. Los árboles contenían pequeños pájaros de rico plumaje. A cada lado del segundo escalón había dos leones dorados de grandeza natural y aspecto terrible. Cuando el gran Salomón puso el pie en el primer peldaño, los pájaros extendieron sus alas con un leve trinar y en el tercero, los dos leones colocaron sus patas; y cuando Salomón alcanzó este peldaño se oyó una armonía celestial. En el cuarto, los sonidos se hicieron más graves y solemnes. En el quinto, voces armoniosas se dirigieron a Salomón en estos términos: «Hijo de David, Maestro de la Luz, busca conocer los beneficios que el gran Jehová ha derramado sobre ti». A la sexta, todos los Patriarcas se unieron en oración. A la séptima, los pájaros siguieron revoloteando hasta que Salomón se sentó en el trono. Entonces, por medios mecánicos secretos, se esparcieron saludables perfumes alrededor. Ante el trono había dos columnas y un trípode de espíritus de vino, cuyas llamas azules y blancas se asemejaban a la pálida luz de un meteoro. Cuando un profano se acercaba al trono, los leones lanzaban espantosos rugidos y golpeaban a sus rebaños con la cola, los pájaros erizaban sus plumas y una tropa de demonios, partiendo de varios lugares secretos, lanzaba horribles aullidos. ¿Y qué queda hoy de este glorioso templo, creación del genio divino? Nada más que el recuerdo histórico; pero Dios, que gobierna todas las cosas, ha querido que este vasto monumento, erigido para su gloria, se perpetúe en el corazón de los hijos de la luz.

La cábala judía formó parte importante de los estudios ocultos de los filósofos, con el valor de los nombres sagrados; amplíe sus investigaciones y conviértase en un miembro útil de nuestro rito.

CULTO A LA SERPIENTE

ILUSTRE CABALLERO, tu avance hasta ahora en la masonería, te ha enseñado que en nuestro Rito Antiguo y Primitivo la letra de las leyendas de la antigüedad, fueron por nuestros Hermanos Primitivos ignoradas y vistas sólo como mitos, velando de las mentes vulgares, verdades importantes. No es necesario detenerse en el mito de la serpiente tentadora de Eva, que los antiguos filósofos herméticos consideraban como una imagen simbólica de la sensualidad. En las edades más tempranas entre los hombres rudos e incivilizados, la Serpiente o Dragón, fue considerada sagrada; según los escritores de la Antigüedad, la fundación misma de Grecia, esa hija intelectual de Egipto, fue cimentada por la sangre del Dragón o Serpiente, cuando Cadmus, habiéndolo matado y arrancado sus dientes y sembrándolos, brotaron de estas semillas, guerreros armados, de los cuales iban a nacer después los sabios y héroes de la antigüedad. Es posible que esto se refiera mitológicamente a la llegada del simbolismo ofítico a Grecia y a la aplicación de la serpiente para representar al sacerdocio de la antigüedad, del que se decía que era sabio como una serpiente e inofensivo como una paloma; pues observamos que tras su muerte, Cadmo, como Toth entre los egipcios, fue transformado en serpiente y adorado bajo esa forma; además, cuando el país empezó a reducirse a un cierto orden, Draco, es decir, el dragón, fue el primer monarca de Atenas. En resumen, los historiadores y logógrafos están repletos de anécdotas e ilustraciones del culto tal como existía entonces, describiendo con sobria sinceridad el estado de cosas que prevalecía, incluso entre las tribus salvajes de África; describiendo sus serpientes como guardianes o paladines de las ciudades y como seres venerados con toda expresión de abyecta sumisión. Toda su mitología abunda en alusiones y circunstancias similares, en las que la serpiente personifica a un personaje importantísimo. De nuevo, las aventuras de Hércules en su infancia, la muerte de Laocoonte, los carceleros en los jardines de las Hespérides y las mil grutas fabulosas defendidas por la serpiente en alguna de sus variadas formas, son ilustraciones familiares para todos. En cuanto a la nación latina, la religión se había modificado tanto hasta el período de su asentamiento, que su mitología contiene menos circunstancias expresivas de su origen ofítico que otras naciones que proceden más directamente de los orientales; sin embargo, se apropiaron de mucho :de los vecinos griegos y egipcios.

La rápida extensión del poderío romano y griego, y con él las relaciones con el mundo conocido de entonces, no hizo sino proporcionar muchas facilidades para la propagación de sus ideas religiosas; y, aunque éstas rara vez impusieron la aceptación involuntaria de opiniones y creencias a sus naciones conquistadas, debió de resultar de la mera comunicación una influencia recíproca, como podría suponerse, a favor de las mentes más poderosas. Así, los moscovitas y los polacos adoptaron finalmente una forma muy degradada de culto, adorando a la serpiente como una divinidad doméstica, como los lares y penates del mundo clásico, decretando pena de muerte por herir a una, por venenosa que fuera en su carácter y entregándoles la libertad sin restricciones de sus hogares. Casi todas las víboras obtenían protección y reverencia en igual grado. Pero de las divisiones de Europa, Escandinavia, que abarca a los suecos, finlandeses, noruegos, daneses, etc., es particularmente rica en leyendas misteriosas de este carácter. Su mitología abunda en alusiones a la serpiente y sus fábulas están llenas de sus hazañas. Lok, el genio del mal, es llamado el padre de la gran serpiente; los estandartes de muchos exhiben el mismo emblema y los pocos restos jeroglíficos que se han descubierto, dan testimonio del carácter prominente que asumía en sus creencias. La única diferencia que debe señalarse es la variación en la forma del reptil, que ahora asumía los poderes más monstruosos y terribles, exhalando llamas y pestilencia de sus fauces distendidas y expresando venganza y masacre total en sus miradas. Esta forma fantasiosa se convirtió en la favorita de los primeros escritores cristianos, de donde surgieron las leyendas heroicas de San Patricio, San Miguel, San Jorge y Santa Margarita y las extraordinarias maravillas representadas en las historias de la Edad Media. Que tal fuera la política de los fundadores de la mayoría de las religiones no es motivo de asombro, ya que para la mente inculta lo terrible y lo sublime se representa menos en cosas invisibles que en fuerzas naturales exageradas hasta el terror, en sucesos físicos de carácter puramente trágico; en resumen, en apelaciones a la vista que a la esencia sutil de la mente. Así les parece que Dios más bien aflige a las naciones en su ira, que busca suscitar profetas en medio de ellas para instruirlas y prevenirlas.

Se cuenta que la Christna india destruyó una inmensa serpiente de cien cabezas que infestaba las aguas del Yamuna y que se interpreta como símbolo de la destrucción de las malas influencias. En América, los habitantes más antiguos, los toltecas, erigieron un inmenso montículo serpentino de ese reptil en el acto de vomitar el huevo cósmico, un símbolo jeroglífico, común a ellos y a los egipcios y que denota el nacimiento de toda la materia creada, a partir del Espíritu universal o Kneph.

Por fin, entramos en Galia y Bretaña con este culto, que, como la representación simbólica de los chinos, que muestra a un dragón vomitando un diluvio tras un hombre que huye, había rodeado literalmente la tierra. El culto druida, tan famoso en la antigüedad, era un vástago de los símbolos ofíticos; la misma serpiente familiar era adorada no sólo como símbolo de luz y vida, sino independientemente; en su propia naturaleza animal, como serpiente. Tan estrechas son, en efecto, las afinidades de sus dioses y diosas, tan perfecta la exposición de ese credo, que muchos se inclinan a la opinión de que la relación entre estas islas y el mundo antiguo fue mucho más íntima de lo que estamos acostumbrados a pensar. Sus divinidades son representadas de diversas maneras bajo la forma de serpiente, y para aumentar y consolidar aún más la conexión de ideas, «draig» significa tanto serpiente como dios supremo. Sus numerosas fábulas, entre otras la de «Uter Pendragon», contienen pruebas explícitas y concluyentes de su culto, con su ambigua referencia al «rey planeador» que persigue a la «bella», igual que en el jardín del Edén el ángel traidor siguió a la crédula Eva. La misma peculiaridad a la que nos hemos referido en otras naciones, la de atribuir poderes curativos a la serpiente, se manifiesta abundantemente entre los druidas. Como la religión druida se estableció en Irlanda y Galia, allí, no menos que en Inglaterra, se dieron ejemplos del antiguo credo. La historia de San Patricio desterrando los sapos y las serpientes de Irlanda se ha referido, con gran ingenuidad, a su oposición a la fe existente y a su determinación de erradicar sus doctrinas perniciosas de las mentes del pueblo; las divinidades gobernantes en ambos países se representan armadas con el caduceo de Mercurio, o asociadas de alguna manera distinta con la serpiente, ya sea como símbolo o atributo; se reproducen las mismas bajas supersticiones y sus crueldades y barbarie resultantes. Restos de la fe druídica aún persisten en Gran Bretaña e Irlanda y se derivaron del mismo centro que nuestro propio Rito Oriental.

El ciclo se completa así, pero queda mucho por contar, si no fuera la teoría del origen del culto a la serpiente, o su práctica, tal como existe en nuestros días. Basta recordar los numerosos relatos actuales sobre la fascinación de la serpiente, sus poderes mesméricos y medicinales, los maravillosos relatos de la omnipresente serpiente marina que sobresaltan al mundo con tanta frecuencia y cuentos de carácter similar, para comprender que la antigua idea no está totalmente muerta ni el antiguo terror totalmente desechado. En el lenguaje alquímico el término serpiente y león verde, se utilizaba para denotar la semilla o primer principio de toda materia. Estos filósofos embellecieron aún más su obra con mitos, símbolos y fábulas de serpientes, tal como los hemos expuesto aquí. Pero el hecho es que el héroe original de todas estas historias de dragones era

Osiris o Mythras, destruyendo a Typhon o Ahrimanes. En el Ritual del Libro Egipcio de los Muertos, el buen Hombre-Dios, Heseri, es simbólica y físicamente, la luz y el Sol; mientras que de manera similar, el principio maligno es la oscuridad y el gran dragón, Apophos, luchando por la destrucción del alma divina del hombre. El tema nos ofrece una bella ilustración de la credulidad, ya sea la de mentes sotanas y brutales, o la de mentes activas y refinadas. Desgraciadamente, en todas las religiones ha entrado demasiado el elemento del miedo; y arrepentirse para salvarse, es un precepto más atentamente seguido que hacer, para haber hecho. Y así, antiguamente, se cernía como una niebla oscura sobre la vista intelectual del mundo, en los albores de la ciencia. Pero el sol salió al fin, manchado de sangre, es cierto, y las gloriosas perspectivas comenzaron a revelarse. A lo lejos se extendían las montañas vestidas de púrpura y oro, alrededor de todo brillaba una luz dorada, mientras que más allá se abrían las insondables vistas del espacio, brillando con mundos a través de toda la inmensidad. Y ese sol era la luz del conocimiento y esas cimas de montañas resplandecientes el pasado y el resplandor dorado y el calor el presente y el futuro yace con esos mundos tenuemente vistos y conocidos. Para el pasado hay caridad, para el presente hay esperanza, para el futuro hay fe.

LOS MISTERIOSOS MAGOS

LOS ANTIGUOS INICIADOS han transmitido la ciencia del cálculo, una medida tan estrechamente relacionada con la Geometría y que tan frecuentemente se ha señalado como un estudio necesario. Comienza con el conocimiento de las figuras, cuya clave derivamos de los egipcios. Esta clave consiste en un cuadrado perfecto dividido en cuatro partes cuadradas por una línea perpendicular y otra horizontal; luego por dos líneas diagonales de ángulo a ángulo, por las que el cuadrado se divide en triángulos. De ahí encontramos las cifras del uno al diez. El UNO es una línea perpendicular. El DOS está formado por las dos líneas horizontales y una de las diagonales. El TRES está formado por las dos líneas horizontales del gran cuadrado y por la mitad derecha de las diagonales. El CUATRO está formado por la perpendicular derecha del gran cuadrado, la mitad de la diagonal y la mitad de las líneas horizontales centrales. El CINCO está formado por la mitad noreste de la línea diagonal, el lado derecho de la horizontal central, la mitad inferior de la perpendicular derecha del gran cuadrado y el lado derecho de la horizontal inferior del cuadrado. El SEIS está formado por una línea que se extiende desde el ángulo superior derecho hasta el inferior izquierdo, de ahí horizontalmente hasta el ángulo inferior derecho, de ahí diagonalmente hasta el centro. El SIETE está formado por una línea trazada horizontalmente desde la cúspide del medio, perpendicularmente al ángulo superior derecho, de allí horizontalmente al ángulo inferior izquierdo. El OCHO está formado por dos líneas diagonales formando una cruz de San Andrés y uniéndolas arriba y abajo por dos líneas horizontales. El NUEVE está formado por una línea trazada perpendicularmente hacia arriba desde el centro del cuadrado, de ahí horizontalmente hasta el ángulo superior derecho, de ahí diagonalmente hasta el ángulo inferior izquierdo. El AUGHT es el cuadrado mismo. Las figuras antiguas eran angulares; pero a medida que las naciones se refinaron, dieron a sus caracteres una forma más agradable, curvando las líneas que originalmente eran rectas; y así formaron lo que impropiamente denominamos caracteres arábigos. Los estudios geométricos condujeron a nuestros antepasados al del mundo habitable y pronto aprendieron a bracear el océano de la inmensidad y a perforar la bóveda celeste. El hombre se dedicó a las matemáticas; una ciencia noble, conocida entonces sólo por los iniciados de la Orden. Esta ciencia casi le permitió desarrollar la organización de la naturaleza, anotando las causas solares y lunares, los períodos astrales y los cambios de las estaciones. El antiguo sistema astronómico está representado por el cuadrado, cuyos cuatro compartimentos son las cuatro presuntas regiones del mundo. Observando el curso del sol, se fijaban los cuatro puntos cardinales Este, Oeste, Norte y Sur. Los cuatro cuadrados servían de ángulos de división para las estaciones, haciendo noventa y un días para cada casi, o trescientos sesenta y cuatro días para el conjunto, añadiéndose uno o dos días en períodos determinados.

Los Magos estudiaban con atención todos los departamentos de la naturaleza, con el fin de llegar a conocer su esencia. La inmensidad del fluido aéreo llenaba aquellos fuegos, que ellos consideraban como otros tantos pequeños Soles y después como Estrellas. El poder de la atmósfera sobre todas las cosas y la armonía de las leyes orgánicas, les hizo admirar las maravillas de la naturaleza; y agudizó sus energías para indagar y descubrir el principio vivificador, el alma del Universo.

Reconocían por su obra a la Deidad, como único origen de la organización; esposo y esposa y primer principio de todas las cosas. Adoraban al Ser Supremo en todas las producciones de la tierra. Ocultaban sus descubrimientos al pueblo y daban un significado ficticio a los emblemas que daban a conocer al público. Descomponían la luz, el aire y la materia; la sal, el azufre y el mercurio aparecían como sus elementos constitutivos. El primero era el espíritu, el segundo la base y el tercero el alma; el último era la mujer, esposa, reina, luna, el primero el hombre, esposo, rey, sol. El hombre tiene en su interior un sol y una luna microcósmicos, que simpatizan con los cuerpos celestes, que le afectan y en cuyo centro brilla la luz divina. Estas tres substancias fueron figuradas como un triángulo, cuya forma se mezcló, por esta razón, más íntimamente con su culto religioso, como emblema de Dios, el gran motivo, a quien los hebreos llamaron Jehová, o el alma de la naturaleza. El Triángulo se colocaba en el centro de diversos círculos y cuadrados, para denotar el principio vivificador que extendía sus ramificaciones sobre todas las cosas. Los Magos predijeron eclipses y cometas, extendiendo así la influencia de las ideas religiosas y dando lugar a las de carácter metafísico. Los diversos planetas, representados en torno a un centro común, anuncian la antigüedad de los grandes personajes que, según se decía, gobernaban la Tierra y eran divinizados por los admirados mortales.

Apolo, el Dios de la Luz, era sinónimo del Sol; esta deidad también presidía las artes y las ciencias de la Antigüedad. La Luna representaba a la diosa Diana, hermana de Apolo; era la luminaria nocturna o luz de segundo orden. Marte presidía las batallas y era llamado el Dios de los Héroes y de los Patriotas. Mercurio, el intérprete de la Luz Divina, era también la deidad patrona de la Elocuencia y la Virtud. Júpiter era el principal de los dioses y la personificación de la inteligencia y el poder divinos. Venus, la Diosa de la Belleza y la Madre del Amor, son nombres que el genio de Grecia y Roma han transmitido imperecederos, en un lenguaje que será preservado por los pulidos y los educados de la humanidad a través de todos los tiempos. Así también, estas páginas clásicas conservan el renombre del

Dios que, personificando al Tiempo, se decía que devoraba a sus hijos, al igual que el tiempo consume a todos aquellos a quienes da a luz: Saturno.

Los dos semicírculos son emblemas de la Divinidad y de la Naturaleza, que para el verdadero masón son términos sinónimos; estando todo en la naturaleza regido por leyes fijas y consecuentemente periódico en sus movimientos, anuncia la existencia de un Gran Maestro, que atrae nuestra veneración y nos convence de que nada puede ser superior a Él. La Estrella Flamígera es un símbolo de la Divina Providencia, de ese Ser grande y bueno a quien los masones adoran como el Sublime Arquitecto del Universo.

Las enseñanzas de este grado, hermano mío, son de la más alta antigüedad. Hubo en la antigua ciudad de Hipparenum, una escuela célebre, digna de la concentración de todas las virtudes humanas, formando Capítulos, que el cielo destinó a convertirse en los instructores del mundo. Pero fue particularmente en Media donde los Magos celebraron sus misterios y doctrinas, que esparcieron por el mundo aquellos torrentes de luz y verdad que el Sublime Arquitecto del Universo había depositado en los corazones de los doctos Hierofantes de Egipto.

Platón atribuye a la palabra Magos un significado místico, que significa «la más perfecta cultura de todas las cosas». El objeto principal de este grado es perfeccionar al hombre y acercarlo a la Divinidad, de la que emana; es decir, su rehabilitación y reintegración en sus derechos y rango primitivos. Hay en nosotros dos naturalezas, la animal y la angélica, y nuestra labor es combatir la que la otra puede denominar, hasta el momento en que, desligada de su pesada envoltura, emprenda el vuelo hacia regiones mejores y más elevadas. Es tal vez en este sentido que se debe explicar el dogma universal de la redención de la humanidad. En los misterios de este grado se decía que cuando el hombre, por una vida nueva y ejemplar y por el trabajo útil, se ha restablecido en su dignidad primitiva, se acerca a su Creador, es animado por un soplo divino y es iniciado. En la instrucción se enseñan las ciencias ocultas; los secretos de este grado sólo pueden adquirirse después de los estudios prescritos y de severas pruebas, que no son, en realidad, sino un curso de ideas religiosas y morales, despojadas de toda superstición. Para ser admitido en esta venerada institución es necesario añadir a la elevación del alma y de la inteligencia, una gran pureza moral; y también obligarse por un voto solemnísimo, a seguir los preceptos de la virtud más severa en la nueva vida en que se entra.

Las formas de este grado son pocas y sencillas y recuerdan el origen y la disposición del Universo. El objeto es rendir al Sublime Arquitecto del Universo, el homenaje que le es debido; elevar al hombre por encima de sus semejantes y colocarlo más allá de esas pasiones que tan a menudo perturban su existencia.

En la primavera de cada año se celebraba un festival llamado «la regeneración de la Luz» para representar la igualdad y conexión primitivas de la humanidad. Los reyes cambiaban su vana pompa y se mezclaban libremente con los más humildes de sus súbditos, que se sentaban a la misma mesa con sus reyes y príncipes, costumbre calculada para imprimir una saludable lección en las mentes de los jóvenes príncipes.

Estas doctrinas, adoptadas mucho antes por los caldeos, fueron perfeccionadas en Persia por el sabio rey Darío Hystaspes, quien, habiendo penetrado en la mayor parte de las regiones de la India, encontró a los Gimnosofistas en los bosques solitarios, donde una profunda tranquilidad favorecía sus profundos trabajos. De ellos aprendió las leyes que rigen el Universo y el viaje de las estrellas. Le revelaron sus Ritos Sagrados, que reconoció como idénticos a la doctrina de los Magos. Durante varios siglos éstos fueron transmitidos a la posteridad a través de sus descendientes; y de tiempo en tiempo hombres de vasto y profundo genio, al penetrar en el santuario de la ciencia, han disipado las nubes que ocultaban la verdad a los ojos de los profanos y les han enseñado cómo, a fuerza de perseverancia, pueden levantar templos a la virtud y cavar tumbas para el vicio.

LA CRUZ HERMÉTICA

AHORA, ilustre Caballero Filósofo Hermético, os explicaré la Cruz Hermética. La Cruz representa el árbol de la ciencia y se corresponde místicamente con las enseñanzas secretas de los altos misterios y contiene todos los números sagrados: es la base de la Geometría. Este símbolo existía en la Isla de Cazumel y en la costa de Yucatán, casi cuatro mil años antes de Cristo; y era venerado como la divinidad de la lluvia, alegórica de la fertilidad.

Quetzalcóatl, el legislador de los indios, era representado con una túnica con cruces. Antiguamente se utilizaba para indicar los caminos. Fue consagrado en China a la adoración del Sublime Arquitecto del Universo. Los sacerdotes de Mitras hacían el signo de la Cruz en T sobre la frente de los iniciados y un signo similar prevalece entre los Brahmanes de la India al tocar los cinco puntos de la cara. La Naturaleza adopta a menudo el cruciforme en sus operaciones misteriosas. En el norte de Asia y en algunas partes de América se han encontrado grandes piedras en forma de Cruz, adoradas por los pueblos antiguos. Muchas ruinas mitológicas de Grecia han tenido la misma forma.

En Egipto, los Thos (hitos terrestres), eran a menudo de madera y en forma de Cruz. En las piezas transversales había inscripciones relativas a la ciencia y las artes; y para multiplicar esas inscripciones, a veces colocaban dos o tres piezas en cruz que formaban Cruces dobles o triples, que se ven con frecuencia en monumentos antiguos, así como cruces simples; de nuevo se considera como la llave del Nilo, a cuyo río debe ese país su fertilidad. Hemos visto cuán general era la veneración por este signo, con diferentes motivos.

Es de notar, con tanto placer como interés, cómo el buen sentido natural supo, cuando la ciencia estaba muy poco adelantada, representar mediante un signo tan simple como dos palos colocados en ángulo recto, el curso del sol y el progreso de las estaciones. No es de extrañar que para fijar mejor la atención de los pueblos en esos grandes fenómenos a los que debemos los productos de la tierra y para excitarlos a una piadosa gratitud hacia su autor, este signo representativo se convirtiera en un símbolo religioso.

La Cruz Roja es el símbolo de la vida futura; el origen de esta Cruz es de la más alta antigüedad. La línea horizontal representa el Ecuador y la vertical, el Meridiano; tenemos así cuatro extremos del Ecuador y los dos solsticios de Verano e Invierno en los del meridiano; por consiguiente, las cuatro estaciones. Por analogía, se unen a la Primavera, la juventud y la mañana; al Verano, la edad madura y el mediodía; al Otoño, la edad y la tarde; y al Invierno, la muerte y la noche.

Los alquimistas añadieron a esos cuatro puntos, que llamaron los cuatro elementos generadores, Fuego, Aire, Tierra y Agua, que expresaron mediante signos convencionales. Construyeron un diagrama de un círculo que encerraba un cuadrado, dentro del cual había un triángulo que contenía un punto del que partían dos líneas y lo inscribieron así: «De la primera gran causa surgieron dos contrarios, de éstos los tres principios y los cuatro elementos, que son resolubles en la quintaesencia; de modo que como todas las cosas surgen de una cosa fija, toda la materia es reducible al principio dual masculino y femenino, simbólicamente denominados Sol y Luna».

Para formar nuestra cruz comenzamos trazando un círculo de trescientos sesenta grados, en el que se diseña una cruz de doce cuadrados iguales, que representan los doce signos del Zodíaco, o los doce meses del año solar; la mitad, en ascendente de enero a finales de junio, indica la progresión de los días; y la otra mitad, de julio a finales de diciembre, la declinación del sol. Esta cruz marca esencialmente la línea del meridiano de Sur a Norte e indica al mismo tiempo el fuerte calor del Verano, en oposición a las heladas del Invierno.

Una línea horizontal atraviesa el mundo entero de Este a Oeste y nos muestra días y noches iguales en la zona que divide; esta línea se llama el Ecuador.

Al echar el ojo de la imaginación sobre los cuatro cuartos del globo, descubrimos en esta cruz el principio de la vida, que es el Aire, o el Este, el comienzo de la vegetación, o la Primavera, que nos anuncia el despertar de la Naturaleza; la infancia debe situarse en este lado, pues el hombre se encuentra en la Primavera de la vida, ya que el horizonte de la mañana indica la aparición del día en este cuarto del mundo y el sol que sale por el Este lo enriquece con sus rayos benéficos.

Miremos ahora hacia la parte superior de la cruz; encontraremos allí el fuego, que es el alma de la vida, según muchos filósofos, que simbolizaban por este elemento al Creador del

Universo. El Verano, por su gran calor, caracteriza la segunda parte del año. El hombre, en edad adulta, se distingue por el deseo de reproducción de su especie y por la fuerza de sus facultades físicas. El Mediodía se encuentra naturalmente en esta parte de la cruz, porque el sol está en su punto más alto, lo que hace de meridiano.

Si observamos el Oeste, veremos que esa parte del mundo contiene más humedad atmosférica. El otoño, que es la tercera estación del año, nos muestra que todas las producciones de la tierra han llegado a su madurez. El hombre, en esta división de la cruz, se sitúa en su declive, que denominamos edad -tercer período de la vida-, en el que debería vivir feliz, si ha sabido aprovechar los años precedentes de su trabajo. Esta división de la cruz indica también que el sol desciende bajo el horizonte de la noche en Occidente; es el momento en que el hombre se prepara para el descanso.

En el Norte se encuentra la tierra, por ser la parte más material y, en consecuencia, la más pesada; también es la razón por la que la situamos en la parte inferior. El invierno, cuando todo está helado por su distancia del sol, produce la cuarta estación del año, cuando toda la naturaleza parece estar completamente inerte. La porción del globo situada al Norte se encuentra menos poblada que las otras porciones de la Tierra, porque es un invierno casi continuo. En esta parte de la cruz se indica la muerte a la que cada criatura está obligada a someterse.

El hombre, así como los animales, vuelve a la tierra; toda la materia se descompone para reproducirse bajo otras formas y se aniquila por turnos, según el orden de la Divinidad y de la Naturaleza. En el fondo de la cruz, está el instante del sueño o noche; lo que hace la cuarta parte del día, compuesto de veinticuatro horas.

En el centro de la cruz se encuentra la Estrella Flamígera, con un Delta en el medio que lleva en su centro, el simple, pero gran carácter de *UNUS DEUS*, ¡UN DIOS! El punto significa el Universo, que se rige por reglas invariables.

Las leyes están indicadas por doce cuadrados, que llevan los nombres de los meses, componiendo el Año Solar. Fuera de esta cruz hay otra, que anuncia los meses lunares de veintiocho días. dos horas, diecisiete minutos y treinta y seis segundos, que los mahometanos siguen todavía; su año se compone, pues, de trece meses lunares, lo que da el mismo número de días que los del año solar, que es de trescientos sesenta y cinco días, cuarenta y ocho minutos y cuarenta y ocho segundos. La Cruz Lunar se llama Cruz de Martillo.

La alquimia era una rama del saber cultivada por los sacerdotes egipcios y la reducción a polvo del becerro de oro por Moisés es citada por los Adeptos como prueba de su habilidad en su ciencia, cuyo estudio se generalizó en Oriente y fue llevado desde allí por los árabes a España y difundido por los templarios. La hermandad adoptó su propio lenguaje simbólico para ocultar sus secretos bajo un rito ceremonial y un juramento vinculante, como era común entre los sabios de la época, y también para proteger a los profesores de la persecución como hechiceros. En Alemania se propagó la leyenda de que la orden derivaba sus principios de Christian Rosencreutz, que nació en 1387 y viajó a Oriente. La doctrina de la orden se establecía sobre tres principios: primero, el perfeccionamiento del hombre para que pueda acercarse a la divinidad por sus virtudes; segundo, el estudio de las virtudes ocultas de la ciencia; tercero, el estudio de los secretos de la naturaleza, la teología mística, los nombres sagrados de Dios, de los ángeles, los elementos, los siete planetas conocidos por los antiguos. Sus emblemas eran el sol, la luna, los triángulos dobles, la rosa. Como ya os hemos dado en nuestros ceremoniales un esbozo de la filosofía hermética, ahora estáis preparados para ampliar vuestras indagaciones en los tres mundos denominados por ellos elemental, intelectual y angélico, que se corresponden en cierta medida con las tres series en que se divide nuestro Rito en los grados de Capítulo, Senado y Consejo.

DISCURSO ALEGÓRICO

HERMANO, el Rito Antiguo y Primitivo se funda en la Religión, la Ciencia, el Conocimiento y la Virtud. La dulce Religión despliega al hombre su brillante destino; ocupa su mente con sus promesas; es un protector que le guía en medio de los peligros; muestra el espíritu de los seres queridos revoloteando a su alrededor; aplaudiendo sus buenas acciones y regocijándose cuando rehúye el camino de la pasión o del crimen. Le sostiene cuando vacila entre precipicios; y en medio de las tinieblas de la ignorancia y del error, consuela al que agoniza en el lecho del dolor. Si el hombre, monarca de la naturaleza, está cargado de cadenas, la religión las rompe; sus sublimes inspiraciones lo elevan incluso hasta la Deidad.

Esto se ejemplifica en el discurso alegórico de este grado. Fue Caín, el primogénito de Adán, quien dio al Ángel de la Muerte su primera presa. Caín mató a su hermano, pero el alma de la víctima voló a la morada celeste, donde fue así desafiada por el Gran Eterno:

> –Mortal, ¿de dónde vienes? Aún no has sido convocado.
>
> –Vengo –respondió Abel–, porque tu obra está incompleta. Le diste al hombre una inteligencia organizada. En el momen-

to en que le diste aliento, le diste un lugar sobre el resto de la creación. Este ser, por excelencia, es tu intérprete y tu delegado en la tierra; y lo has sometido a las leyes eternas de la materia y has hecho de él la más indefensa de todas tus criaturas, sobre las que ejerce la supremacía. No le has dado ni la fuerza del león, ni el estatuto del elefante, ni la agilidad de la gacela, ni la destreza del mono, ni la vista penetrante del águila, ni el esplendor del pavo real, ni la melodiosa voz del ruiseñor.

-Hombre y materia -respondió Dios-, tu queja es injusta.

-Te he concedido tres dones eminentes, que recompensan con creces tu debilidad natural, y te he dado el imperio sobre todas las criaturas que has mencionado. Te he dado inteligencia, para inventar, lenguaje, para que te asocies con tus semejantes; manos para ejecutar; mientras que los animales permanecen circunscritos dentro de los límites de sus respectivas organizaciones, esclavos de un instinto ciego. Sólo tú has recibido el don eminente del poder de conocerte a ti mismo, de perfeccionar tu naturaleza y de medir la extensión de tus derechos y deberes. Hombre, tu queja es injusta; has buscado y has encontrado las ciencias divinas. Has pedido y te he dado pan para la mente y para el cuerpo, en las leyes misteriosas de la naturaleza. Has llamado y te he abierto la puerta de la felicidad eterna, desde donde has podido contemplar mi obra: la Creación. Sumerge entonces, oh, mortal, tu mirada en el caos; atraviesa estas espesas tinieblas y serás iniciado, es decir, aprenderás la primera causa y la segunda.

Así habló el Todopoderoso y colocando su dedo sobre la frente del Neófito, le permitió ver los misterios de la obra eterna.

El primer objeto que impresionó la vista del nuevo iniciado, fue la tierra aún virgen, roja de sangre, recién derramada. De la mancha negra y humeante surgió un vapor fétido que, condensándose en el aire, asumió gradualmente la forma de una figura gigantesca, cubierta con un velo negro; era el Arrepentimiento recién engendrado por el Crimen y allí Caín, el fratricida Caín, postrado sobre la tierra, con el pecho desgarrado por el remordimiento y golpeándose el pecho, levantó los ojos, rojos de llanto, hacia el cielo, en adelante morada inmortal de su víctima. Pero Dios fue inexorable a sus súplicas.

Ante esta visión fulminante, Abel, movido por la más generosa piedad, no pudo contener las lágrimas, y dirigiéndose al Ser Todopoderoso, a quien todos los corazones están abiertos, dijo: «Eterno Benefactor de la Naturaleza, perdona a mi hermano, o permíteme descender a la tierra del sufrimiento y consolarlo».

Ante esta conmovedora oración, estalló toda la armonía celestial del cielo; todo el coro celestial, que rodea el trono del Eterno, saludó a Abel; toda la creación entonó himnos de misericordia y perdón; y Dios miró bondadosamente al pecador y al Elegido. Esta mirada benévola y refulgente, ningún mortal puede describirla; pero el justo, como Abel, la comprenderá.

Esta magnífica alegoría, de tan majestuosa sencillez, es perfectamente masónica; ¿no tenemos, por uno de nuestros emblemas, la paleta; y no oculta, repara y reconstruye la paleta lo que el vicio y el crimen, a veces, destruirían? Tampoco podemos asignar un origen más noble al PERDÓN Y AL ARREPENTIMIENTO.

LA MASONERÍA Y LAS CRUZADAS

DESDE LA ÉPOCA de las Cruzadas puede rastrearse la llegada a Europa de la filosofía oriental y otras ramas del saber, que contribuyeron en gran medida a introducir en la sociedad el orden y la mejora.

Pocas expediciones son más extraordinarias que las emprendidas por los cruzados para recuperar Jerusalén de manos de los turcos. El nombre de Cruzados o *Croisés* procede de la cruz que llevaban sobre sus personas, de oro, seda o tela. En la primera Cruzada, todas eran rojas; en la tercera, sólo los franceses conservaron ese color. Las cruces verdes fueron adoptadas por los flamencos y las blancas por los ingleses. Cada compañía llevaba un estandarte con una cruz.

Cuando Omar, el sucesor de Mahoma, conquistó Siria y Palestina, Jerusalén era considerada una ciudad santa y fue embellecida por él con una magnífica mezquita, construida en mármol, cuyo interior estaba adornado con un inmenso número de lámparas de oro y plata. Durante el siglo XI, los peregrinos del Santo Sepulcro visitaban Jerusalén en gran número y recibían una protección parcial de los califas, ya que obtenían ingresos de ellos. Pero una raza nueva y feroz, los seljouks o turcos, conquistaron a los árabes en el año 1055 y abrazaron el mahometanismo; oprimieron a los peregrinos y les infligieron un trato tan brutal que provocó un sentimiento general de horror.

Un peregrino llamado Coucoupetre, nativo de Amiens, en Picardía, a quien los modernos conocen como Pedro el Ermitaño, estaba tan indignado por las crueldades de los turcos y las relató tan vívidamente al papa Urbano II, a quien llevó cartas del Patriarca de Jerusalén, que Urbano exhortó a los guerreros cristianos a tomar las armas contra los musulmanes, en un Concilio celebrado en Placentia, el 1 de marzo de 1095, al que asistieron 200 obispos, 4.000 clérigos y 30.000 laicos. Mientras tanto, Pedro predicaba fervientemente la guerra contra los turcos en toda Francia. El papa Urbano convocó un segundo Concilio para reunirse con él en Clermont, la capital de

Auvernia, el 18 de noviembre de 1095, para deliberar sobre los asuntos de Oriente; éste fue el acontecimiento más importante jamás presenciado por la Iglesia de Occidente. Asistieron 14 arzobispos, 225 obispos, 90 abades, varios miles de caballeros y una multitud de personas; este concilio duró siete días.

Pedro el Ermitaño excitó a sus oyentes hasta el frenesí, con su relato de las atrocidades de los turcos y los horribles sufrimientos de los cristianos, les aconsejó tomar el camino de Jerusalén y les aseguró la gloria imperecedera en el Reino de los Cielos. Toda la asamblea, como movida por la inspiración, exclamó a una sola voz: «Es la voluntad de Dios».

Tres grandes ejércitos marcharon hacia la Ciudad Santa, dirigidos por Pedro el Ermitaño, Walter el Sin Dinero, Godofredo de Bouillon, duque de Normandía, Hognes, conde de Vermandois (hermano de Felipe I de Francia), Raimundo Dupuy y otros renombrados guerreros. Derrotaron a las tropas del Sultán Solyman, en dos batallas campales, capturaron Niza y Antioquía y llegando a Jerusalén, sitiaron esa ciudad, la cual, después de cuarenta días, fue capturada por asalto y los guerreros de la Cruz caminaron con los pies desnudos en solemne procesión hasta el Santo Sepulcro, donde dieron gracias por tan gran victoria. Esto ocurrió el 5 de julio de 1099.

La Segunda Cruzada se emprendió en 1147, armada con la autoridad del papa Eugenio III; sus principales líderes fueron Conrado III, emperador de Alemania, y Luis VII de Francia, que sufrieron tales reveses que el rey Luis regresó a Francia en julio de 1149, abrumado por el dolor de la pérdida de tantos valientes guerreros de la Galia, que habían dejado sus huesos blanqueándose en las llanuras de Siria.

La Tercera Cruzada fue ocasionada en 1190, por la asombrosa información de la fatal batalla de Tiberíades, ganada sobre los cristianos por el gran Salah-ed-Deen, o como lo llamaban los cruzados, Saladino, el 2 de julio de 1187, en la que el Rey de Jerusalén, el Conde de Edesa y el Príncipe de Tiro fueron hechos prisioneros y los Caballeros del Templo y de San Juan casi destruidos; esto fue seguido inmediatamente por la noticia de la pérdida de Jerusalén.

Los grandes Barones de Inglaterra, Francia y Aquitania, asistieron a una Conferencia cerca de Gisors, cuando Ricardo Corazón de León recibió del Arzobispo de Tiro, la Cruz Blanca y Felipe Augusto, Rey de Francia, la Cruz Roja; ellos, con Federico Barbarroja, resolvieron recuperar el honor de las armas cristianas. Fueron reforzados por las flotas de Génova, Venecia y Pisa y con los aguerridos guerreros de Flandes y Dinamarca. Las huestes de Ricardo y Augusto capturaron la ciudad de Acre y los turcos se vieron obligados a pagar una cuota de 200.000 piezas de oro, a liberar a 100 nobles y 1.500 cautivos inferiores y a restaurar el madero de la cruz verdadera. Como consecuencia de un retraso en la ejecución del tratado, 3.000 turcos fueron decapitados casi a la vista de Saladino, por orden del rey Ricardo. Ascalón cayó en manos de los cruzados, tras la memorable batalla de ese nombre, en la que perecieron 40.000 sarracenos y se estableció una tregua por espacio de tres años, tres meses, tres semanas, tres días y tres horas, durante la cual se permitió a los peregrinos visitar Jerusalén sin ser molestados. Saladino murió poco después de esta tregua y Ricardo partió sin vigilancia hacia Inglaterra, cuando fue traicioneramente atrapado y secretamente encarcelado por orden de Leopoldo, duque de Austria.

La Cuarta Cruzada fue comandada por Balduino, conde de Flandes, en 1202, cuando Constantinopla fue capturada, pero poco se logró para recuperar Tierra Santa.

La Quinta Cruzada, encabezada por Simón de Montfort, en 1207, tuvo un regreso ignominioso.

La Sexta y Séptima Cruzadas fueron emprendidas por Luis IX de Francia, comúnmente conocido como San Luis. La primera en 1249, que él encabezaba, con una flota de 1.800 navíos y un ejército de 50.000 hombres; el único trofeo de esta expedición fue la toma de Damietta. Avanzando por las orillas del Nilo, su ejército, acosado por los egipcios y los árabes del desierto y mermado por la enfermedad y el hambre, se vio obligado a rendirse. Luis fue cargado de cadenas, pero fue liberado a condición de pagar un cuantioso rescate en oro.

En la Séptima Cruzada, en 1270, San Luis, acompañado de sus tres hijos, invadió África, con la intención de castigar al rey de Túnez por interrumpir el paso del Mediterráneo, o para convertirlo a la fe cristiana; su ejército, sin embargo, enfermando bajo el sol abrasador, se redujo a un pequeño número y el rey murió en su tienda el 25 de agosto de 1270; su hermano Carlos, rey de Sicilia, llegando poco después, salvó al resto de los cruzados de la destrucción.

El hijo de Luis, Felipe el Fuerte, derrotó a los moros y les obligó a pagar 210.000 onzas de oro a los franceses y un doble tributo durante quince años y a permitir a los cristianos predicar en sus dominios; suscritas estas condiciones, se salvó el honor de los cruzados y regresaron a Europa.

El establecimiento de los Caballeros templarios y los Caballeros Hospitalarios, debe su fundación enteramente a los franceses; las Órdenes fueron instituidas por Raymond Dupuy, nativo de Dauphiny, (el primer Gran Maestre,) Hughes de Payens, Godfrey de Bouillon y otros Caballeros y Monjes, que se consagraron al servicio de los enfermos y heridos, en el año 1118. Poco después de la fundación de la Orden, Balduino, posteriormente Rey de Jerusalén, les concedió una casa, que se dice estaba situada en el lugar del Templo del Rey Salomón; de ahí derivó su nombre de Caballeros del Templo o templarios.

Durante las Cruzadas, desde 1095 hasta 1270, un período de ciento setenta y cinco años, la Orden de los templarios creció rápidamente en número, riqueza y poder, y fue famosa por su indomable destreza contra los enemigos de la Cristiandad. La guerra con los sarracenos fue ferozmente disputada y estos Caballeros penetraban a menudo lejos en el país, lejos de todo apoyo y expuestos a constantes peligros, buscaban y obtenían con frecuencia la ayuda de los Sacerdotes Coptos, a quienes las opresiones y persecuciones de los sarracenos, sus conquistadores, obligaban a vivir retirados y a rendir culto en secreto. El tiempo pasaba; las guerras de las Cruzadas eran largas, penosas y sangrientas. Los Caballeros se relacionaron más íntimamente con los sacerdotes coptos y fueron iniciados por ellos en las Doctrinas y «Misterios» practicados por «Los Hijos de la Viuda» e introducidos en el conocimiento del Sublime Arquitecto del Universo, tal como lo enseñaban los antiguos sacerdotes egipcios, que servían a «un Dios viviente, Creador de la luz y la oscuridad». Los Caballeros así admitidos e iniciados en los Misterios de la Antigüedad, a su regreso a Europa, comunicaron las Ciencias, Doctrinas y Leyendas de los Orientales a sus compañeros Caballeros, quienes, agradecidos por el conocimiento que así se les concedía, se dedicaron celosamente a la propagación de los principios del Rito Antiguo y Primitivo. Agradecidos por su admisión en el Templo Místico, solicitaron al papa Eugenio II que confirmara los privilegios de la Orden y les permitiera conservar, especialmente, el título de Caballeros templarios ; y este Pontífice, creyendo que la denominación sólo hacía referencia al Templo de Jerusalén, accedió a su petición; y desde este período han sido conocidos como Caballeros templarios, o Caballeros de Kadosh, santos y purificados.

Se cuenta en la leyenda del Rito Sueco, que ochenta y un «Hijos de la Viuda», viajando por Europa, A.D. 1150, bajo la guía de Garimont, Patriarca de Jerusalén, visitaron al obispo de Upsfal, quien les dio la más cordial bienvenida. Los caballeros le iniciaron en la cofradía y le confiaron los documentos y archivos de nuestras leyes y el ritual de nuestro Rito Místico. Por él fueron conservadas las reliquias de valor incalculable. Los Caballeros del Temple recibieron del obispo el depósito que antes le había sido confiado; y por este medio los templarios se convirtieron en los conservadores de los Ritos y Ceremonias Misteriosos, traídos de Oriente por los francmasones-sacerdotes de la Verdadera Luz. De este modo, los iniciados confraternizaban con otras asociaciones similares, conservando al mismo tiempo sus propias formas distintivas. Está probado que los antiguos templarios fueron iniciados a menudo por los masones simbólicos, así como por las hermandades herméticas, que descendían de los hierofantes de Egipto.

Los Caballeros templarios, enteramente dedicados a las ciencias y doctrinas traídas del país de Tebas, se preocuparon de conmemorar y perpetuar esta introducción hasta el fin de los tiempos. Los masones escoceses establecieron tres grados de San Andrés y adoptaron las leyendas alegóricas de los templarios. La leyenda de este Grado relata que «los Caballeros Escoceses habían comenzado a excavar un gran terreno en Jerusalén, con el propósito de erigir un Templo, cerca del lugar del antiguo edificio construido por el rey Salomón y sobre el lugar del Sanctum Sanctorum. En el curso de sus trabajos encontraron tres grandes piedras, que parecían haber formado parte de los cimientos del primer templo; su forma monumental invitaba a un examen más detenido, que fue ampliamente recompensado por el descubrimiento del nombre sagrado, dentro de los óvalos trazados sobre la última de ellas. Este era también el tipo de los Misterios de los templarios, la Palabra Sagrada perdida cuando H. A. fue asesinado, como se relata en los Grados Simbólicos. Esta palabra la conservaron los Caballeros en las piedras fundacionales del Templo».

Los trabajos comenzaron el día de San Andrés y así se originó el título general de Caballeros de San Andrés y los Grados de Aprendiz, Compañero y Maestro, trabajados bajo el título de *Petit Architect, Grand Architect* y *Scottish Master*, pues como los caballeros en obediencia a sus votos se veían obligados a hacer peregrinaciones y viajes a países extranjeros y lejanos, se afirma que establecieron estos grados como medio de reconocimiento y ayuda mutua.

Además de la guerra en Asia contra los sarracenos, los templarios estaban empeñados en una larga y ardua lucha contra el «Viejo de la Montaña», descendiente de la familia de los Arsacidæ y cuyo dominio se extendía sobre una docena de grandes ciudades además de Tiro. Este príncipe era el Sumo Sacerdote de una religión que algunos pretendían reconocer como la antigua de Egipto; él, por el prestigio de su poder y genio, reducía a sus Neófitos a un estado de obediencia ciega e implícita; y los jóvenes imbuidos de sus doctrinas asombraban al mundo por su valor y devoción. Con el tiempo, sin embargo, los templarios unieron los dominios del Viejo de la Montaña a los suyos por derecho de conquista y, recordando la fidelidad y valentía de sus discípulos, los admitieron en su propia orden; y algunos sostienen que los templarios incluso adoptaron una parte o sus principios peculiares.

El Gran Maestre de los templarios se distinguió por sus hazañas contra los sarracenos, acumuló vastas riquezas y por sus virtudes y valentía adquirió una reputación que despertó la envidia y despertó los celos de los príncipes de Europa y finalmente condujo a la disolución de la orden, que en el momento de este deplorable suceso, contaba con más de 40.000 caballeros y poseía 9.000 propiedades principescas.

La luz que habían traído de Oriente y difundido por Europa avivó el veneno del fanatismo y el miedo en los déspotas reinantes y finalmente sucumbieron a estos poderes tiránicos. Por esta época, el célebre misionero rosacruz Raymond Lully intentó fusionar a los templarios con los Caballeros de Malta y otras órdenes, pero la unión fue rechazada por el general de los templarios, el hermano Jacques de Molay.

El papa Clemente V y Felipe el Hermoso, rey de Francia, constatando que el ya gran poder de los templarios aumentaba cada día; y teniendo un temor natural a las doctrinas y misterios que anulaban su absolutismo, hacían a tantos expertos en libertad civil e inculcaban la propiedad del juicio individual contra la obediencia poco inteligente exigida por la iglesia y el estado, entraron en una conspiración para su destrucción, de la que esperaban obtener una triple ventaja, a saber, obtener la posesión de su inmensa riqueza, perpetuar el fanatismo y proteger la impostura.

Se dice que Bertrand de Goth sólo pudo obtener la triple corona si consentía en el exterminio de los templarios, y la historia contemporánea pinta a este prelado con los colores más repulsivos.

El ataque contra los templarios comenzó de la siguiente manera: El prior de los templarios de Montfaucon había sido condenado a prisión por el Gran Maestre, por herejía e inmoralidad y fue arrojado a una mazmorra con otro prisionero, Noffo Dei, un templario florentino, que había apostatado de la Orden; acordaron obtener su liberación denunciando a los templarios y enviaron un mensaje al rey de que tenían una revelación que hacer que le sería más útil que la adquisición de un reino. Felipe, alborozado por esta circunstancia, la aprovechó para destruir la Orden. Los apóstatas confeccionaron un discurso dirigido a Enguerrand de Marigny, ministro de Hacienda, y como continuación de esta primera acusación, pusieron en manos del rey la denuncia que él mismo había dictado y que contenía los cargos más infames, cuya falsedad y grosería han sido expuestas por los historiadores contemporáneos.

El emperador Federico II, nieto de Federico Barbarroja, después de su regreso de Siria, 1230 d.C., se opuso con todas sus fuerzas a los excesos y abusos del poder eclesiástico y particularmente al de Gregorio IX, por quien había sido excomulgado, antes de su partida para Palestina; y de hecho fue debido a la intriga de este pontífice y a la manipulación de la fidelidad del brazo de Federico, que no se obtuvo el objeto de la guerra. Federico, en venganza, a su regreso a Europa, sitió al papa en Roma, asoló las provincias adyacentes y luego concluyó una paz, que la mortal animosidad del Santo Padre impidió que fuera de larga duración; pues el Prelado, amargamente irritado y con el orgullo tocado hasta la médula al ver que sus truenos apostólicos sólo divertían y excitaban a Federico a atacar y oponerse a los abusos del clero, mediante sátiras y lamparones, que hizo publicar en Alemania, Francia e Italia, murió de pena y de malicia desconcertada. Hay muchas leyendas actuales con respecto al gran emperador Federico Barbarroja; una de ellas es que todavía vive hechizado, en una cueva, en una de las montañas alemanas, para ser revivido cuando los cuervos dejan de volar alrededor de la cumbre de la montaña, y cada siglo Federico se despierta, exclamando: «¿Es la hora?».

Ahora bien, la acusación de que hemos hablado contra los Caballeros templarios, se basaba en un informe de hechos que supuestamente habían ocurrido ochenta años antes; y la historia de la época, en lugar de apoyar la acusación, muestra cómo el despotismo, el fanatismo y la avaricia, pueden distorsionar los hechos y ponerlos al servicio de su política maquiavélica. El papa Clemente, Felipe y el Gran Maestre de los Caballeros de Malta, una orden más conocida como Caballeros de San Juan de Jerusalén, cada uno dio publicidad a esta acusación, con tales comentarios y colorido como convenía a sus puntos de vista individuales.

Jacques de Molay, Gran Maestre de los templarios, se encontraba en ese momento en Chipre, donde habitualmente se celebraba la Asamblea General de los Caballeros, pero cediendo a las peticiones y consejos de Clemente, viajó a París, donde apenas llegó fue arrestado y arrojado a la Bastilla por orden de Felipe, quien en un solo día, el 13 de octubre de 1307, había hecho encarcelar a todos los templarios franceses. A instancias del rey, se iniciaron inmediatamente los procedimientos y se confió la acusación al violento y vengativo Guillermo de Nogaret y al padre Imbert, monje dominico, miembro de la Inquisición; se consideró oportuno hacer de la herejía una característica principal de los cargos.

Siguiendo la conspiración y de acuerdo con su entendimiento secreto, el papa fingió estar muy indignado contra Felipe, y escribió varias cartas airadas, «exigiendo conocer a los autores de tales acusaciones; que creía que el Gran Maestre de los templarios era inocente y que las persecuciones iniciadas contra una Orden tan rica y poderosa, tenían su origen en los celos; que, de hecho, eran Sacerdotes Militares, que sólo existían por la autoridad papal y que, como Orden Religiosa, sólo estaban sometidos a Roma». Después de mucha oposición simulada, Felipe reconoció este derecho sacerdotal y como recompensa por su sumisión filial, fue delegado como agente para llevar a los templarios ante la justicia y fue consolado y fortalecido por una Bula Papal, publicada expresamente para ese efecto. «Nuestro muy amado hijo, Felipe el Hermoso –comenzaba diciendo–, no ha causado el arresto de los templarios por ninguna codicia de riquezas, sino por un verdadero celo por la religión; y está lejos de pretender apropiarse de ninguna de sus posesiones».

Clemente envió legados a París y vino él mismo a Francia, para juzgar a estas víctimas ya condenadas de la codicia y el fraude.

Hay que recordar que en los siglos XIII y XIV, casi nadie en Francia, excepto el clero, sabía leer o escribir, y desde la decadencia del Imperio, la ignorancia había extendido su inmundo velo sobre toda Europa. Conociendo tal ignorancia omnipresente, no podemos asombrarnos de la influencia del partido eclesiástico, ni del poder colosal adquirido por el Sacerdocio.

Al comienzo del proceso, Jacques de Molay y tres de los primeros dignatarios de la Orden, fueron procesados ante Clemente V, en Poitiers, y éste confió la acusación a dos cardenales, al arzobispo de Sens y a otros prelados.

Una de las primeras preguntas que se le hicieron a De Molay fue: «¿No tenéis ningún escrito que presentar en defensa de vuestra comunidad?», a lo que respondió: «Se podrían obtener documentos y pruebas, que su mayor ambición terrenal era hacer evidente la inocencia de su pueblo; pero, que era un caballero cuya erudición era su menor alarde y, por lo tanto, rogaba por un consejo o un secretario que le ayudara en su trabajo». Como el juicio no era más que una burla, no era público y la herejía de la Orden era una conclusión previsible, se le negó consejero o abogado y, por lo tanto, poco se interpuso en el camino para evitar este sacrificio de los principios a la conveniencia. Se ha dicho que en nuestros días la extorsión, la violencia y el soborno se han alistado a veces para oponerse a la marcha de la justicia; y que los excesos, disipaciones y malignidad de Felipe, no carecen de paralelos modernos. También se afirma que sólo la muerte prematura de Felipe salvó a Francia del abismo al que su conducta la estaba empujando. Ninguna clase de la sociedad, ninguna institución estaba a salvo de su persecución y extorsión, y una revuelta general se hacía inminente cuando murió. Sin embargo, había una excepción. Los Caballeros de San Juan de Jerusalén prestaron toda su influencia al rey, con el fin de aumentar su propia riqueza y poder, y ésta es la razón por la que el Gran Maestre de San Juan aparece tan conspicuamente en la destrucción de los templarios, cuyas posesiones se dividieron después entre la Orden de Malta y Felipe.

Los templarios lucharon en vano contra el poder real y papal y Clemente, sin pérdida de tiempo, reunió un consejo general, compuesto por más de trescientos sacerdotes, en Dauphiny. Este concilio, dudando sobre la «Proposición de suprimir la Orden de los templarios », objetó que sería contrario a la ley y a la justicia hacerlo sin oírlos libremente en su defensa y confrontarlos abiertamente con sus acusadores, que era lo que pedían los Caballeros. Clemente V, que asistió en persona a este concilio, exasperado por esta inesperada oposición a su voluntad, con gran excitación exclamó: «Si la ausencia de una insignificante formalidad impide al Concilio juzgar a los acusados, lo haremos nosotros mismos en la plenitud de nuestro poder pontificio». Decepcionado por la acción del Concilio, el santo padre convocó un Consistorio secreto, compuesto por cardenales y obispos, convencidos por la fuerza de sus argumentos privados de la necesidad en la supresión de la Orden de los Caballeros templarios. La sentencia dice: «Los Caballeros no habiendo sido condenados en estricta forma de ley, sino condenados por el papa, en virtud de su autoridad Apostólica, el santo padre sería él mismo responsable de la custodia de sus personas y de la correcta disposición de sus riquezas».

Durante los cuatro años que duró esta sacrílega persecución, muchos de los Caballeros fueron sometidos a las torturas más atroces con el propósito de arrancarles confesiones que ayudaran a condenar a la sociedad, pero pocos dejaron de mantener su inocencia; a aquellos que en el potro fueron lo suficientemente débiles para reconocer los cargos, se les concedió la vida y una pensión. A aquellos con nervios más fuertes, aunque no mayor inocencia, que persistieron en la pureza de la institución, se les aplicó de nuevo la «Pregunta Infernal», y muchos de los Caballeros que habrían cortejado la muerte y el sufrimiento en una guerra honorable, temblaron a la vista del horrible aparato para inducir una confesión de culpabilidad; y con los nervios temblorosos y el cerebro enloquecido reconocieron hechos que no habían soñado ni oído hasta que se mencionaron en las confesiones que firmaron; pues recuérdese que, incluso en las acusaciones, los crímenes especiales imputados no se nombraron a los prisioneros y, sin embargo, a pesar de todo lo que la crueldad podía inventar, o la malignidad infligir, la constancia de la mayor parte de estos mártires permaneció inquebrantable. Incluso aquellos cuya firmeza había cedido bajo sus agonías, se retractaron de sus confesiones al acercarse la muerte y, con sincero arrepentimiento, declararon falsas las acusaciones que les habían sido arrancadas bajo las atroces torturas del potro.

Los reverendos padres, obispos, instrumentos de San Pedro y del rey Felipe el Hermoso, decidieron, en un Gran Consejo Provincial, que aquellos templarios que «falsificaban sus confesiones» debían ser tratados como recusantes. Pocos días después de esta decisión, según la bárbara jurisprudencia de la época, cincuenta y nueve de estos caballeros fueron condenados y quemados. El obispo de Ledéve describe a estos desgraciados tal y como aparecieron en sus últimos momentos: «Con los ojos fijos hacia el cielo, como implorando desde lo alto la fuerza para soportar la agonía de las llamas que atravesaban sus miembros y rodeaban sus cuerpos, repudiaban los crímenes que se les atribuían y rogaban firmeza para mantener la verdad y la inocencia de ellos mismos y de sus hermanos». A pesar de la unanimidad de sus declaraciones –una prueba gloriosa de la falsedad de las acusaciones–, Felipe, Clemente y el Gran Maestre de Malta, confirmaron el decreto contra los templarios ; condenaron a Jacques de Molay a las llamas y, según muchos historiadores, confiscaron los bienes de seis mil Caballeros en un solo día.

Jacques de Molay, cuando se acercaba a la pila y estaba a punto de asumir la corona del martirio, arengó al populacho y predijo el día y la hora de la muerte de Felipe y Clemente. Citó a sus implacables enemigos, acusadores y jueces, para que se reunieran con él ante el tribunal de Dios, dentro de un año y un día a partir de ese momento, y allí mismo rindieran cuentas de su juicio. De Molay fue ejecutado el 11 de marzo de 1314 y el dedo del Gran Eterno, como en el día del impío Rey de Babilonia, señaló en respuesta a la apelación del Gran Maestre.

Clemente y Felipe murieron antes de finales de abril de 1314 y como la historia guarda silencio sobre la forma de su muerte, los enemigos de los templarios se han esforzado por hacer creer que fueron envenenados por los miembros supervivientes.

Al día siguiente de la muerte de Molay, el Señor Caballero de Aumont y otros siete templarios, recogieron las cenizas de la pila, según relatan los hermanos Suedois. Sólo transcurrieron quince días cuando el Caballero apóstata, Squin de Florian, fue asesinado. El papa lo beatificó e hizo que fuera enterrado en Aviñón. Los templarios encontraron los medios para retirar el cuerpo y depositaron en su lugar las cenizas de De Molay. Durante su vida, este digno Gran Maestre había establecido cuatro Grandes Templos en Europa: Norte, Sur, Este y Oeste, a saber, Estocolmo, París, Nápoles y Edimburgo. Bocace, el obispo de Lodeve, Bertot y una multitud de escritores contemporáneos y posteriores han hablado muy bien de las virtudes heroicas de estos mártires de la verdad, el honor y la inocencia.

Todos y cada uno se mantuvieron firmes en el cumplimiento de su obligación. Ningún Iscariote, ni siquiera bajo la tortura, desarrolló los Misterios o traicionó la Doctrina que habían traído de Oriente. Que nosotros mostremos siempre la misma fidelidad.

Tras los desastres que acabamos de relatar, muchos de los Caballeros abandonaron su tierra natal y, gracias a su huida y ocultación, pudieron preservar nuestras instituciones y ritos y mantener la pureza de nuestras antiguas doctrinas y principios, de los que estamos tan orgullosos.

LA MASONERÍA Y LA FILOSOFÍA ORIENTAL

CUANDO, lanzando miradas investigadoras sobre los *escombros* que le rodean, el Sabio se atreve a interrogar las entrañas de la tierra, que pisa desdeñosamente bajo sus pies, encuentra enterrados bajo los escombros inmensos esqueletos, ruinas gigantescas pertenecientes a razas extinguidas que se han sucedido sucesivamente sobre la superficie del globo: ve las características que las separan y se ve obligado a confesar que ha habido entre la primera creación y aquella de la que formamos parte, un indudable progreso ascendente. Si, guiado ahora por las observaciones que ha hecho, se somete a la investigación de los objetos que le rodean; si, recorriendo la cadena de los seres, de la materia fría e inerte pasa al hombre, obra maestra de la nueva creación, estudiando sucesivamente las innumerables transformaciones, con ayuda de las cuales la arcilla informal se metamorfosea en vegetales imperfectos y de allí en marcha ascendente hasta la más lograda organización animal; entonces necesariamente un vasto y profundo pensamiento ilumina su espíritu y le descubre, por decirlo así, los secretos del Sublime Arquitecto del Universo; se verá obligado a preguntarse si el soplo divino que le anima no ha sufrido, como el jarrón impuro, del que crecen flores soberbias y odoríferas, sumiso a la marcha progresiva de los seres, todas las transformaciones posibles antes de la elevación al grado de perfección que le caracteriza.

Entonces las antiguas creencias del Egipto misterioso, los modales dulces y patriarcales de los pueblos de Oriente y la creencia de las tribus salvajes menos reflexivas, pero tan ciertas, que pueblan los desiertos de África; creencias que proporcionaron a Pitágoras su sistema de transmigración de las almas; esas creencias se le presentan en todo el *eclato* de la verdad, en toda su fuerza ascendente y se pregunta si éstas son las únicas verdades, las únicas que es posible admitir.

En efecto, ascendamos en el tiempo, transportémonos en el pensamiento hasta la cuna de las edades y sigamos, paso a paso, la marcha progresiva de la humanidad. Si la perfección del soplo vital que nos anima es la razón indirecta de la civilización, ¿no estamos llegando involuntariamente, casi sin saberlo, a la conclusión de que los destellos imperfectos del alma son emanaciones imperfectas del soplo divino, que en la proporción en que pasa de un ser informal a otro más perfecto, se refina por grados y tiende imperceptiblemente a atraer hacia sí a los seres que la sabiduría infinita ha formado. El insecto inmundo, objeto de nuestra aversión, heredó hasta sucumbir un soplo imperfecto que exhaló de un ser de orden superior: y es así, que de una transmigración a otra, el alma, después de identificarse sucesivamente con toda la serie de los seres, asciende hacia su autor, para reposar en el seno del Dios que la formó. En esto consistía la veneración de los egipcios por la vida animal, veían a Dios en todas las formas. Los Vedas indios enseñan que «los sabios dan muchos nombres al ser que es uno»; y que «como la tela sale de la araña, como las pequeñas chispas proceden del fuego, así del alma única proceden todos los animales que respiran, todos los mundos, todos los dioses». Los filósofos esenios sostenían que el éter puro, que era atraído a la materia por las operaciones secretas de la naturaleza, estaba encerrado como en una prisión, hasta que la disolución de los átomos constituyentes que formaban dicha prisión, liberando ese éter que era el alma, volvía al cielo y se regocijaba una vez más en su inocente pero individual libertad.

La historia de las tendencias del espíritu humano en las diferentes épocas nos muestra inmensas generaciones de hijos de Eva, a pasos tímidos y lentos, aventurando las pruebas de la vida, fortaleciendo gradualmente sus pasos, extendiéndose en inteligencia y elevándose, en fin, hasta el punto más alto de la perfección. No lo hicieron, es verdad, sin tener que superar terribles obstáculos, sin tener que errar, sin haberse desviado a menudo del objetivo al que tendían sus esfuerzos, sin haber sucumbido, incluso bajo la carga que se habían impuesto: pero ¿qué importa? Se elevaron. La verdad, pura y brillante como una estrella del firmamento, ha esparcido rayos de luz sobre el horizonte del mundo; los hombres la han visto, la han encontrado bella y se hacen más fuertes y más valerosos con su logro. Orgullosa de su alto y glorioso destino la humanidad avanza, a medida que atraviesa las edades, liberándose a cada paso de un prestigio, dejando caer un jirón del velo de iniquidad que cubría su frente humillada bajo el peso de las flaquezas de su naturaleza imperfecta.

La vida intelectual de los pueblos, lo mismo que su existencia política, ha tenido sus desarrollos progresivos, sus épocas de concepción y de infancia, sus períodos de transición y de gloria. Hombres de espíritu grande y profundo, genios que encontramos, de edad en edad, que han inspirado el soplo más puro de la inspiración divina, éstos han penetrado en el santuario de la ciencia y han llegado al descubrimiento de los misterios que el Todopoderoso les concedió. Han dispersado las nubes que velan la verdad a los ojos de los profanos y han enseñado, como han podido, con la fuerza de la perseverancia, a levantar templos a la virtud y a cavar mazmorras para el vicio. Así, a lo que vieron en los venerados templos de la soberbia Menfis, los misteriosos seguidores de Isis añadieron la base de la primera sabiduría y se elevaron a las más duras concepciones teosóficas: una teología espiritual que sobrevive a los siglos.

La antigua Grecia, en su tiempo ambiciosa de gloria y deseosa de saber, exigió de los ancianos coptos los secretos de sus ciencias y virtudes; pero más ávida de honores que de aspirar a la luz, abrió sus escuelas sólo para ver los aplausos y la coronación de los pretendidos sabios de la frívola Grecia, amante de los placeres y de las fiestas. Uno por la fuerza de su genio se elevó al conocimiento de nuestras sublimes doctrinas y es a la penetración viva de su espíritu, que los atenienses debieron la idea de un Templo al Dios Desconocido. La francmasonería es entonces una institución científica de caridad y de amor.

Entre las virtudes que enseña, hay que situar en primer lugar la abnegación de sí mismo y la devoción al bien común. Esta orden sublime que se remonta, como vemos, a la más alta antigüedad, no tiene más que un solo fin y no trabaja más que para cumplir una sola misión. Este fin, esta misión, es el estudio de la sabiduría, que sirve para el discernimiento de la verdad; es la obra benéfica o el desarrollo de la razón y de la inteligencia; es el cultivo de las cualidades del corazón humano y la represión de sus vicios. Los grados a los que ya has sido admitido te indican los estudios filosóficos que expandieron las mentes de aquellos que entraron en contacto con las sectas orientales, que se originaron en los misterios de la antigüedad y de los que por descendencia directa derivamos nuestros principios.

Al recoger lo que queda de los Antiguos Misterios, sus monumentos y las descripciones que nos han dado los poetas, se puede juzgar cómo se difundieron entre todas las naciones civilizadas.

El aspirante encontraba en sus cuevas fosas de una profundidad espantosa, que descendía por medio de soportes para los pies; recorría largos y tortuosos subterráneos donde encontraba espectros bajo formas horribles, monstruos que combatir, torrentes que vadear, braseros que atravesar. Todo lo que podía asustar a su imaginación era puesto a su disposición y la muerte parecía presentarse ante él bajo muchas formas. A lo lejos se oían gritos lúgubres y quejumbrosos, y los rápidos movimientos de las luces le sumían de golpe en una oscuridad espantosa. Se oía el ruidoso juego de las máquinas; le dolían el soplo del viento, los truenos y la impetuosidad de los torrentes. A la menor señal de debilidad o temor era arrojado a un calabozo por el resto de sus días: los iniciados creían que los hombres tímidos y laxos eran incapaces de guardar inviolablemente los secretos de sus misterios y retenían al Aspirante fracasado para que no revelara lo que había visto en los preparativos preliminares y en las pruebas por tierra, aire, fuego y agua. El Aspirante afortunado era conducido a un lugar embellecido por todo lo que el arte podía añadir a la naturaleza; una luz dulce y tierna hacía los objetos más interesantes; el aire estaba perfumado por el agradable aroma de las flores; y los melodiosos sonidos de los instrumentos anunciaban a los iniciados su alegría al verle salir vencedor de los malvados genios de los elementos.

Este lugar era el emblema de la felicidad elísea que el hombre experimentaría cuando hubiera superado los obstáculos antes de llegar a la verdad y a la virtud. Todavía quedaba una prueba, menos espantosa, pero que exigía aún más constancia, era un silencio riguroso, ayunos y austeridades, aumentados de día en día, durante los cuales le preparaban mediante la instrucción para la revelación de los misterios. Esta instrucción era proporcionada a su luz, estando la mayor parte velada bajo símbolos y jeroglíficos, interrogándole sobre materias que le preparaban para traspasar el velo. Así preparado le revelaron la parte más importante de los misterios. Le enseñaron la existencia de una inteligencia suprema, causa primera de todo ser; le informaron que un espeso velo ocultaba la grandeza de la luz, que su inmensidad no podía ser representada por ningún signo, que los diferentes símbolos que ofrecían al profano no eran sino emblemas de sus atributos menos conocidos. Le anunciaron también la existencia de otro ser, enemigo del primero, pero menos poderoso, agente de crímenes y de todos los males. Le enseñaron que hay en el hombre una sustancia, simple, activa, esencialmente distinta de la materia, que, más ágil que el aire, más pronta que la vista, se asomó incluso a las extremidades del universo, sondeó el abismo, desarrolló sus secretos, revisó el pasado y se atrevió incluso a avanzar hacia el futuro; le enseñaron que sólo podía elevarse por la virtud y degradarse por el vicio; le trazaban los deberes que debía cumplir para con el Autor de la naturaleza, la humanidad misma y los que contraía en la calidad de iniciado; le daban razón de abstenerse de ciertos animales y vegetales; los mancillados por crímenes debían someterse a pruebas aún más severas; se pretendía que lo sumergían en un líquido que detenía la acción del fuego y que lo pasaban varias veces por las llamas para purificarlo.

Después de la iniciación era mostrado al pueblo en una procesión que se llamaba la «Pompa de la Iniciación». Esta ceremonia se hacía lo más imponente posible, para mostrar lo gloriosa que era la iniciación y los iniciados, gozaban de la más alta consideración y eran vistos como hombres más puros e instruidos que el vulgo y se les prometía después de la muerte el disfrute de una felicidad más pura: eran elegidos para ocupar los lugares más importantes de la sociedad.

La luz de la iniciación no se limitaba a los signos, las señales y las palabras, ni siquiera a la moral y la teología, sino que abarcaba todas las ciencias. Los sacerdotes de cada *Nome* aprendían particularmente una ciencia especial; y eran los depositarios de manuscritos que eran tanto más preciosos cuanto que eran las únicas copias existentes en el mundo. Unos enseñaban a seguir el curso de las estrellas, a calcular su velocidad, a medir su distancia, a dividir las estaciones, a dar una forma más perfecta al año por medio de intercalaciones; otros, mediante los principios de la geometría, el conocimiento de las leyes de los movimientos y el cálculo de la resistencia y la fricción, enseñaban a centuplicar la fuerza del hombre, a nivelar la tierra, a levantar diques, a cavar canales, a construir Saïs, Tebas, Menfis y más de 20.000 ciudades, además de inmensos edificios de los cuales varios resisten aún la mano destructora del tiempo; otros enseñaron a purificar los metales, analizarlos, combinarlos luego, alearlos, para hacerlos más dúctiles y maleables; a indicar las propiedades de los vegetales y los medios de extraer la savia, para prolongar los días del hombre; o mejor a preservar el cuerpo después de la muerte de la putrefacción durante miles de años y conservar la frescura del color y la ilusión de la vida. Otros enseñaban los principios de aquella célebre legislación que pretendía aliar el interés general al del individuo, reunir a los hombres de calidad primitiva, simplemente por sus necesidades y hacerles amar la virtud. Otros presentaban en orden cronológico las revoluciones y los acontecimientos de las naciones, continuando la lista de los Reyes según sus nombres, sus acciones, sus virtudes, sus vicios y las sentencias que habían recaído sobre ellos. Los Sacerdotes consultaban estos escritos a la muerte del Rey reinante y estos temibles jueces atravesaban el lago en una barca guiada por Caronte y exponían en presencia del pueblo, todo el bien y el mal que había hecho y arrojaban en la urna fatal, la papeleta que hacía apreciada u odiosa su memoria.

Parece cierto, por lo que sabemos de los sacerdotes egipcios y de las sectas esenias, que estos últimos no eran más que los continuadores de aquella antigua casta que se dispersó en el período de aquellos disturbios y disensiones que convirtieron a Egipto en un escenario de anarquía, de lo que se beneficiaron los romanos hasta el punto de convertirlo en una de sus provincias. Es razonable concluir que los fundadores de las Sociedades Esenias eran sacerdotes egipcios. Lo que prueba esto muy claramente es que, por una parte, no sabemos qué fue de éstos después del derrocamiento del trono de los Ptolomeos y la invasión del país, mientras que, por otra parte, las sociedades de los esenios que aparecieron en aquella época, presentan casi el mismo carácter que la casta sacerdotal de Egipto; En efecto, encontramos entre los esenios de Jerusalén y de Egipto, la iniciación misteriosa, el juramento de prudencia y las evidencias de los sacerdotes egipcios, el mismo amor por las ciencias, la misma filosofía; todo establece de hecho una semejanza perfecta. Podemos afirmar, por pruebas tan íntimas, que la confederación de filósofos, conocida con el nombre de iniciados o sacerdotes del antiguo Egipto, reapareció y continuó su sistema en las sociedades de los esenios después de aquellas posteriores andanzas que siguieron a su disolución y a la dispersión de sus miembros. Contemporáneos de los esenios fueron los terapeutas, secta mágica, astrológica y alquímica, que desapareció silenciosamente. Les sucedieron los ascetas, es decir, una especie de monjes judíos que, aunque dedicados a una vida puramente contemplativa, conservaron entre ellos opiniones que bastan para probar que habían recibido de los sacerdotes egipcios y de los esenios ese espíritu de verdadera filosofía que ni los nuevos dogmas ni siquiera las supersticiones habían podido desnaturalizar por completo.

Llegó el cristianismo y amplió el círculo de la iniciación, extendió a todos los hombres los beneficios y las partes morales de los misterios, pero la parte científica, su gran fundamento, la descuidó, como menos esencial para su misión; la dejó como noble pasto al infatigable estudio de los curiosos y los sabios.

Los monjes cristianos suceden a su vez a los ascetas judíos y se muestran las ruinas del monasterio copto, donde se dice que 360 monjes se dedicaban a buscar, sin descanso, la piedra filosofal. La historia tradicional de los templarios afirma, que su Gran Maestre de Nazaret fue consagrado pontífice de la religión universal por los sacerdotes de Egipto.

Lo que es históricamente más importante saber es que los monjes coptos que existen en Egipto, incluso en la actualidad, son los sucesores inmediatos de los sacerdotes y esenios egipcios. Habiendo sido establecido tan claramente este vínculo de conexión, es evidente que el espíritu y la filosofía de estos sacerdotes y esenios no se han perdido, viendo que estos diferentes cuerpos han sido continuados por una sucesión ininterrumpida hasta el día de hoy.

En todo tiempo el cristianismo estuvo lejos de absorber las ciencias sagradas en su seno, la filosofía conservó su independencia, al mismo tiempo que se hacía cristiana. Orígenes, Justino, Clemente de Alejandría, Hermesio y muchos otros padres de los primeros siglos, son una prueba de ello. Hubo incluso algunos filósofos que se impusieron la tarea de conciliar y hacer coincidir los dogmas cristianos y las enseñanzas filosóficas del cristianismo. Los gnósticos y los maniqueos, que no carecían de cierta grandeza, ensayaron la tarea y fueron perseguidos por la iglesia. Manes, de quien estos últimos tomaron prestado su nombre, nació en el año 277 de la era común. Había en esta época en Egipto, un hombre llamado Scythianus, árabe de nacimiento, completamente instruido en los secretos de los Magos; tenía el conocimiento de jeroglíficos, astronomía, mitología y era un hombre que practicaba la más sana moralidad; compuso cuatro libros bajo los títulos de *Evangelio, Capítulos, Misterio* y *Tesoros*. Ferbulio, su discípulo, heredó su fortuna y sus obras; se trasladó a Palestina y trató de propagar la religión de los Magos; perseguido, fue a Persia, donde cambió de nombre y se hizo llamar Buddas; perseguido en Persia, se retiró a casa de una viuda, donde murió. Esta viuda habiendo comprado un esclavo, lo adoptó y le dio el nombre de Cubricus, el joven hizo grandes progresos en los libros de Ferbulla y, como el ejemplo de su maestro cambió su nombre por Manes, que significa conversación y fundó la secta de los Maniqueos. Perseguido por el odio de Arquelao, obispo de Casán y del sacerdote Marcelo, se retiró a refugiarse a una pequeña mansión llamada Arabión, sobre el río Strenga, pero fue denunciado por otro sacerdote llamado Trifón, al rey de Persia, que envió setenta y dos guardias para apresarlo; fue detenido en el puente del Strenga en el momento en que se disponía a trasladarse a una ciudad vecina llamada Diodoride. El rey lo condenó a ser asado o quemado vivo, separando así la carne de los huesos. Tras su muerte, el número de discípulos aumentó considerablemente y ganaron adeptos de la más elevada inteligencia, incluso San Agustín. La filiación de los maniqueos con los doctores filosóficos de la antigüedad queda demostrada por un hecho que no se suele señalar. La Iglesia católica les reprochó que creían en dos principios y, por consiguiente, en dos Dioses; el reproche era injusto porque sólo seguían la instrucción de los tres grados prescritos en Egipto: primero, el dualismo, o creencia en los dos principios; segundo, el sabaotismo, o adoración de las fuerzas naturales; tercero, el yahoísmo, o culto de un Dios único, soberano e independiente del mundo material. Por lo tanto, sólo enseñaban el dualismo como un modo de llegar a la manifestación de la verdad completa. Además de los maniqueos, muchas otras sectas con nombres diferentes se ramificaron del árbol original o de los antiguos misterios y fueron conocidas bajo el nombre general de gnósticos, palabra que significa conocimiento. Nada está mejor autentificado que el hecho de que los discípulos de estas sectas existían en el siglo XII en Italia, Francia, Alemania e Inglaterra, como templarios, lolardos, gibelinos y albigenses. Tenían signos secretos de reconocimiento, profesaban una gran pureza y se dividían en dos clases principales, el Discípulo y el Perfecto Iniciado; estos últimos hacían voto de castidad y, según el principio dualista, consideraban al jefe de la secta contraria como el principio maligno personificado y al suyo propio como el principio bueno.

El poeta Dante pertenecía en Italia a los gibelinos, los poetas Chaucer y Gower en Inglaterra a los albigenses y el monumento de este último en Londres lo representa coronado con una corona de rosas y con las virtudes cardinales a sus pies. Los templarios fueron suprimidos judicialmente por ser gnósticos y son conmemorados en nuestro rito. Con el tiempo las sectas filosóficas tomaron el nombre de Rosacruces y así se convirtieron en francmasones, de cuya historia la enseñanza de nuestro rito es bien conocida por ustedes.

EXTENSIÓN DE LOS PRINCIPIOS MASÓNICOS

EN EL PRINCIPIO el hombre nació libre de pecado, puro, teniendo dentro de sí un instinto divino de la más noble virtud y de las más generosas inspiraciones. Hacer el bien era un impulso natural. El mal no existía, no podía existir, porque la Caridad y el Amor eran los únicos motores de sus acciones. Vivía para los demás más que para sí mismo; su Religión, Política y Economía estaban comprendidas en el mandamiento: «Amaos los unos a los otros». La obediencia a esta ley comprendía todos sus deberes. Reconocía en su prójimo a un hermano y compartía libremente con él los frutos de sus viñedos y la ropa de sus rebaños. Todos vivían en paz y armonía, hasta que las familias se convirtieron en sociedades y las sociedades en naciones. Entonces surgió la odiosa distinción «mío y tuyo», y la avaricia y la corrupción, como reptiles nocivos, empezaron a arrastrarse entre un pueblo feliz y a infestarlo con su veneno. La Avaricia y la Ambición se unieron y engendraron el Orgullo, la Envidia y el Odio; juntos atacaron el corazón del hombre y destruyeron en él el impulso del bien, las semillas de la virtud; todo recuerdo de su origen celestial y de su sublime destino. El Amor y la Caridad se debilitaron y el poder arbitrario usurpando su lugar, triunfó sobre los débiles, los sometió a sus caprichos y los obligó a cultivar la tierra con el sudor de su frente y a recoger la cosecha de la que los poderosos se apoderaron de las espigas fructíferas y apenas dejaron más que las pajas estériles al labrador y a sus pequeños.

Pronto se produjeron divisiones entre los gobernantes. El asesinato despobló la tierra. La guerra extendió sus espantosos estandartes al viento y la destrucción, la peste y el hambre le siguieron a su paso. Los surcos rebosaban de la sangre de los que se disputaban la posesión del campo, mientras que la dulce voz de la humanidad era sofocada por aullidos enfurecidos y discordias salvajes. Para coronar el mal vino el reinado de la Ignorancia, los grados de casta, la política partidista y la influencia sacerdotal, cuando muchos sinvergüenzas astutos se llamaron a sí mismos intérpretes de la Divinidad y sacrílegamente rebajando la Suprema Benevolencia a su propio nivel mezquino, lo hicieron aparecer tan avaro, sangriento y vengativo como él mismo. La religión, que debería ser la fe en un Dios justo y bondadoso; un consuelo inagotable para el infeliz y un bálsamo para la mente herida, se convirtió en un comercio y se vendió como mercancía, hasta que su espíritu, buscando santuario en unos pocos pechos honestos, sólo dejó sus pomposas ceremonias y sus desalmadas momias como el stock en el comercio de los traficantes.

Sin estas pocas almas puras, un hombre virtuoso podría haber mirado con tristeza a su alrededor y reprochado al padre común haberlo abandonado todo al Genio del Mal. Pero con el mal llegó el remedio: ¡surgió la masonería! Unos pocos espíritus maestros conservaron los emblemas del fuego sagrado y bajo diversos títulos Poetas, Historiadores y Filósofos, parecían unidos por una cadena mística, cuyos eslabones, conectando todas las épocas, encerraban a todos en un círculo, cuyo centro es la Verdad eterna. Su radio se extendía de un extremo al otro del mundo. Una palabra sagrada y simbólica llamaría a los virtuosos a reunirse y acercarse para ayudarse mutuamente, o extender la mano de la simpatía desde Dan hasta Beersheba, para encontrar y socorrer a los afligidos, ya sea en el corazón de las ciudades o en las selvas del desierto. Los peregrinos de esta fe han emprendido viajes lejanos y penosos; han desafiado los rigores de las regiones polares, las fiebres destructoras de los trópicos, han sufrido las torturas infernales de los indios rojos, los zelot chinos y los sacerdotes persas, no por riqueza y poder, sino para socorrer y salvar a un hermano. Así, por iniciación, las mentes nobles de cada país, formaron una unión simbólica, fundada en la Moral, el Amor y la Humanidad. Nadie permaneció sordo a la llamada de un hermano; y entre una multitud de circunstancias similares, hemos seleccionado la siguiente por su sublime simplicidad.

Un discípulo de Pitágoras, que viajaba por un país salvaje y casi bárbaro, lejos de su hogar y de sus amigos, cayó enfermo en la cabaña de unos pobres, quienes, a pesar de que ellos mismos sufrían de extrema pobreza, le ayudaron con lo que tenían y cuidaron de él con la mayor ternura. Su enfermedad fue larga, pero su hospitalaria solicitud nunca disminuyó. Agradecido por sus atenciones, pero sin medios para recompensar su desinterés, sintiéndose a punto de morir, pidió una piedra plana y trazando en ella algunos caracteres simbólicos, les rogó que la colocaran cerca del borde del camino. Murió. Muchos años después un discípulo de la misma escuela pasó accidentalmente, percibió la piedra, leyó la inscripción; y regándola con sus piadosas lágrimas, se apresuró a absolver la deuda que el difunto había contraído, aunque nunca lo había conocido, ni jamás lo había visto; pero en el escrito místico se le pedía, como a un hermano, que cumpliera los deseos de un moribundo.

La masonería, pues, fue el sistema que nuestro Soberano Maestro eligió como medio para preservar la benevolencia y el saber sobre la tierra, y aunque veamos a algunos faltar a su deber y difamar nuestra noble institución con su maldad y locura, ¿no sabemos que en la tierra nada es perfecto y que la virtud incluso está sujeta al abuso? Observemos, sin embargo, que cuando estos abusos se multiplicaron y todo parecía presa del mal, Dios sacó del tesoro de su inagotable amor, su don más inestimable. Apareció Jesús, ese sublime regenerador, ese ser supremo e incomprensible, esa luz gloriosa que brilla entre el pasado y el futuro. Cristo, el conquistador pacífico, avanzó pacíficamente ante el mundo asombrado, llevando en alto su estandarte en el que está inscrito «Amaos los unos a los otros». Fue su teoría de la conquista y aún devolverá a todas las naciones la inocencia y la felicidad. Estas tres palabras contienen toda la sabiduría, toda la filosofía de las épocas precedentes. Absorbe y condensa todas las doctrinas inventadas hasta ahora para el bien general y da una forma tangible a toda inspiración benévola.

«Amaos los unos a los otros». Es un encanto, al pronunciarlo la raza humana despertó de un largo y espantoso sueño para encontrar sus esperanzas de felicidad no destruidas, sino brillando más radiantemente que nunca, pues gradualmente veremos el despotismo derrocado y la Caridad reinando universalmente sobre todos.

Sin embargo, debemos reconocer que, como consecuencia de la debilidad inherente a la naturaleza humana, el mal prevaleció una vez más y la barbarie rompió una vez más los lazos que la habían contenido y, vertiéndose a torrentes desde las tierras salvajes del Norte, llevó la ruina y la devastación a su alrededor. La espada despiadada era el tirano que todo lo gobernaba; nada liberal, nada intelectual resistía sus ataques; nada se atrevía a oponerse a su dominio; nada excepto la masonería Libre, que, como un Ministro de Misericordia, todavía respondía a la llamada de la humanidad y el progreso, sólo siendo competentes para enfrentarse a la crueldad y la intolerancia con sus propias armas, nuestros miembros se pusieron el casco y el glaive; la lanza y el escudo y avanzando hacia el

Este y el Norte, alcanzaron desde las orillas del poético río Jordán, hasta las sombrías costas del Oder y el Vístula y detuvieron eficazmente la marcha del vandalismo salvaje.

¿Podemos contemplar, sin admiración, a aquellos nobles Caballeros, tan gentiles después de la carnicería como terribles en el combate; socorriendo, después de la batalla, a aquellos a quienes su carnicería había derribado? ¿Hace falta mencionar su juramento de proteger a los huérfanos y oprimidos; o esa amistad inalterable y esa conmovedora hermandad en armas, por la que un caballero masón no era extraño en ningún país ni bajo ninguna desgracia?

La masonería no sólo se abrochó la espada y el escudo para la defensa de la sociedad y la religión, sino que, provista de la escuadra y el compás, levantó gigantescas catedrales, nobles monumentos en los que nuestros antepasados inscribieron sus credos en un lenguaje tan sencillo como profundo, y sus tradiciones, que descendieron de generación en generación, en su pureza original, permanecen hasta nuestros días como hitos de Fe, Paciencia y Abnegación.

El lazo que unía a estos caballeros caballerescos era el «cable de remolque» de la masonería, ese fuerte cordón simbólico que une tantos miles de frágiles marcas en un cuerpo resistente.

En la oscuridad de la Edad Media es más difícil seguir los pasos de nuestra orden, pero un investigador serio puede encontrarla todavía buscando refugio donde daba protección y en las escuelas de ciencia, una de las cuales merece mención especial: la Universidad de París, cuyos alumnos unidos por la iniciación, se defendieron y protegieron contra la opresión tiránica.

En el seno de las universidades se conservó ese espíritu de libre investigación que, al instigar la reforma religiosa, tanto contribuyó a la regeneración de la humanidad, y más aún al imprimir, ese poderoso vehículo del pensamiento, esa ala de Dios, que lleva a todas partes, con la rapidez del viento, los resultados de la inteligencia humana.

La invención de la imprenta determinó la emancipación del espíritu humano secularizando la ciencia. Constantinopla fue tomada y Roma dispensó una noble hospitalidad a los ilustres proscritos de Grecia; hasta el cañón civiliza adjudicando la victoria al genio y a la disciplina. Así, los primeros impresores, dándose cuenta de la importancia de su trabajo, se constituyeron en una poderosa corporación y guardaron cuidadosamente el sagrado arcano de su misterio, fabricando en silencio, bajo la dirección de la Razón y la Filosofía, las armas que dieron la Libertad al mundo de la mente y aniquilaron para siempre el Despotismo Feudal y Religioso.

El descubrimiento de América provocó una revolución en el comercio, la propiedad y las finanzas del mundo antiguo. La introducción del oro procedente de México y Perú hizo bajar el precio de los metales preciosos y creó una nueva propiedad y un nuevo poder: el del capital. Después vinieron las aventuras más allá del mar; todo el globo se agrandó, comenzaron las colonias, la marina militar y mercante creció a buen ritmo. El pequeño mar interior de los antiguos se convierte en una cuenca, de poca importancia, ya que las riquezas de la India llegan a Europa en la cresta de las tempestades. Todos estos acontecimientos contribuyeron a reavivar el fuego de la masonería y a proyectar sus rayos en todos los países civilizados.

Así se verá cómo la Inteligencia amplía continuamente el círculo del afecto humano y se extiende gradualmente de la familia al país y de ahí a toda la creación. Se verá cómo la Civilización resistió y soportó la Barbarie a la que la Fendalidad la había reducido y se esfuerza siempre por difundir el mandato masónico: «Amaos los unos a los otros».

Dondequiera que los ejércitos de la libertad se han encontrado con los de la tiranía, nuestro orden se ha encontrado y espera con esperanza el día en que la tiranía ilimitada y licenciosa ya no oprima la tierra. La guerra contra los poderes del mal continúa valientemente y la libertad marcha siempre adelante, hacia la conquista del mundo. El vasto poder de la opinión pública alcanza y controla incluso a los ocupantes de tronos despóticos.

El Oeste grita: «Buen ánimo, las águilas se reúnen, porque la perdición de la tiranía está cerca». El Sur nos asegura que la verdad lucha valientemente y que el gran océano eléctrico del pensamiento está en agitación; la tormenta se cierne en el horizonte y el relámpago está listo para saltar contra el antiguo mal y los vetustos recintos de la opresión. Desde el Este, - oímos que el pueblo comienza a conocer sus derechos y a ser consciente de su dignidad. El reino de las tinieblas toca a su fin y los rayos del sol golpean las montañas. Sembremos, pues, la buena semilla para que cosechen aquellos a quienes Dios, a su tiempo, se la asigne: paciencia y esperanza. Se acerca la edad de oro, la del principio, cuando el ciclo del mal habrá seguido su curso y la humanidad, regenerada, contenderá sólo en buenas obras: amor y benevolencia los unos por los otros.

SOBRE SÍMBOLOS

Los símbolos y emblemas eran el lenguaje primitivo de los pueblos de Oriente. El *caballo* representaba el valor, el *buey* la fuerza, la *serpiente* la astucia o la prudencia. Tales símbolos fueron adoptados por la teología para designar los atributos distintivos o la divinidad y la ciencia y el arte no tenían otro lenguaje. Los símbolos servían además para expresar una gran idea del creador, un dogma, una doctrina o una creencia.

El gran jeroglífico utilizado para expresar la naturaleza, recordaba al intelecto aquella eterna animación presenciada en el mundo planetario, la destrucción y generación de los seres, de los cuales el sol era considerado la causa primaria y la luna, en su ausencia, la causa secundaria, tipificando el uno al padre y la otra a la madre. El lenguaje simbólico y emblemático era el de los sacerdotes, sabios y arquitectos; no porque sea oculto y misterioso, sino porque personifica y caracteriza perfectamente la verdad de las cosas.

Se deduce que, puesto que los símbolos y emblemas han sido utilizados para conservar la francmasonería, durante el transcurso de los siglos y mostrar su verdadero origen, deben ser objeto de gran veneración a los ojos de los hermanos; pero tienen una aplicación sagrada adicional que santifica su uso ordinariamente sabio entre nosotros. Bajo su envoltura metafísica se encuentra la base del dogma religioso y de la filosofía de la institución. Cada figura simbólica o emblemática es la imagen de una verdad natural que sirve de antorcha mediante la cual un hermano puede iluminar su razón y aclararse a sí mismo un camino recto en el paso de la vida.

En la clasificación moderna de la masonería, cada grado tiene sus símbolos y emblemas, que no son sino las líneas luminosas trazadas para la inteligencia del iniciado, por las que llegar al descubrimiento de la esencia de la verdad y de lo que hay de bueno y de justo en cada cosa.

Nuestra orden se divide principalmente en tres grados alargados en tres divisiones seriales, porque los Templos antiguos se dividían en tres porciones; la primera para los discípulos, la segunda para los creyentes y la tercera, o lugar santísimo, para la divinidad. Nuestros antiguos hermanos arquitectos dividían sus iglesias y catedrales en nave, presbiterio y comunión por la misma razón, y separaban esta última de las dos primeras por la reja del coro. Así deberían estar dispuestos nuestros templos simbólicos. En el primer grado se enseña la moralidad y el amor a la humanidad; en el segundo, las ciencias naturales y, más especialmente, las matemáticas, que antiguamente se llamaban la puerta de los dioses; en el tercero se llega al conocimiento del dogma de una vida de ultratumba. En la primera división en serie de nuestro rito están plasmados nuestros principios elementales; en la segunda, nuestra enseñanza científica; y en la tercera, nuestra filosofía y teosofía sagrada.

Estos tres estados estaban simbolizados antiguamente por el sillar tosco y perfecto y la piedra de mármol blanco de verdadero dado o cuadrado. El pavimento de mosaico representa la antigua doctrina de los principios duales del bien y del mal. Los dos pilares, J. y B. en su significado original, son los de Hermes y marcan los puntos solsticiales. La estrella flamígera es Sothis o Sirio. Los siete escalones representan las siete propiedades de la naturaleza: atracción, repulsión, circulación, calor, luz, sonido, corporeidad, simbolizadas por siete deidades cosmológicas o representaciones jeroglíficas. Así pues, como hemos visto, los emblemas del sol y de la luna tienen una significación abstracta.

La insignia del grado de Rosacruz es una rosa unida a una cruz, la rosa simboliza el secreto y la cruz la vida inmortal; ésta es la clave del grado, pero el sentido moral y filosófico contenido en estos dos emblemas son los secretos de la ciencia a los que sólo se puede llegar mediante un estudio especial. El secreto es una sabia virtud, que conduce a felices lecciones de prudencia, moderación y confianza íntima. El masón de la Rosacruz, al dirigir sus estudios según el espíritu fraternal y humanitario de la masonería, se forma necesariamente una justa idea de esta virtud y de la verdad de su cualidad moral. Lo mismo sucede con el símbolo de la cruz, antiquísimo emblema de la vida eterna; al considerar la inmortalidad del alma, como glorioso premio reservado al sabio que consagra su vida a la felicidad de sus semejantes, nacen en su corazón nobles inspiraciones y generosos sentimientos; pues tal inmortalidad no es el estimulante del egoísmo, ni la ilusión del orgullo prejuicioso, es la recompensa que el Sublime Arquitecto del Universo reserva a la virtud.

Los símbolos y emblemas de un Rito contienen cada uno en su expresión metafísica un rayo de la verdadera luz; la explicación no es más que un desarrollo científico de estas figuras, que conduce a un conocimiento cierto de los principios morales de la masonería. Los antiguos iniciados se reconocían entre sí no sólo por los signos y las empuñaduras, sino por las reglas de conducta que prescribían sus principios; la fraternidad no se formulaba entonces enteramente en palabras o en demostraciones, todo estaba en la acción, era el corazón el que hacía el trabajo y como la naturaleza regulaba el movimiento no había ambigüedad ni de lenguaje ni de pensamiento. Dios, patria, amor, devoción, libertad, igualdad y todas las demás palabras que expresan cosas tan grandes y que los hombres han empleado durante tanto tiempo para realizar tanto mal, tenían un sentido preciso y absoluto; no hay mejor lógica que la que sale del corazón, cuando el amor de Dios y del hombre la domina.

Hay algunos masones ilustrados que, seducidos por los falsos resplandores de las ciencias profanas, se imaginan que los símbolos y emblemas no tienen ni porte social ni carácter solemne y que desean que dejen de figurar como la lengua sagrada del código masónico. Según ellos es necesario nacionalizar su lenguaje, para poner a la masonería de acuerdo con la época y hacerla marchar en espíritu con las ciencias y las artes, tal como las trazan las inteligencias contemporáneas. Son errores que es necesario combatir porque son peligrosos. Los hombres de ciencia no hacen ahora más que vadear la corriente que nuestra orden vadeó hace siglos. Por otra parte, una institución fundada sobre los principios eternos de la ley natural no puede cambiar ni variar sus doctrinas; porque esa verdad que emana del seno de la divinidad, no puede tener sino una sola manera de expresarse y un solo modo de instrucción. Y para que esta verdad no esté sujeta a falsas interpretaciones y a herejías excéntricas, tiene necesidad de un lenguaje universal inmutable en su fundamento y en su forma, tanto en sus figuras como en su expresión.

El sentido oculto y problemático del lenguaje, en todas las épocas, ha creado confusión y desorden en el mundo y ha apartado al corazón humano del camino de la razón y de la verdad. El lenguaje simbólico permanece constante a la naturaleza de las cosas y a sus propiedades interiores y exteriores y no puede, en consecuencia, cambiar su significación o expresión figurativa sin destruir sus propiedades distintivas. El arte es pensamiento mudo y no se reproduce a sí mismo mejor que por imágenes; son los símbolos los únicos que, al hablar a los ojos, recuerdan a la mente todos los atributos de la naturaleza. Un lenguaje universal, que lejos de corromperse por la vejez, se perfecciona y enriquece, es una ayuda preciosa para un orden extendido por todo el mundo y dividido, en pequeños cuerpos independientes unos de otros; conserva la unidad de la fe, la pureza de la doctrina, la ortodoxia de las leyes, la homogeneidad de la enseñanza; por último, es el fluido eléctrico de ese lenguaje social que impregna por todas partes con el mismo efecto libre.

Privar a la masonería de su lenguaje simbólico sagrado, sería despojarla de su fuerza directa, del aliento de su animación universal; es lo que conserva todos los encantos que unen a sus creencias y las dulces esperanzas que inspiran sus esfuerzos filantrópicos. Hay en este sistema misterioso lo que el espíritu debería poder comprender sin tratar de definirlo. Lo que es esencia y luz puede ser representado por símbolos, pero no puede ser explicado por la lógica o las palabras. Es la fe la que ve y la conciencia la que decide.

El simbolismo oviatán de los ofitas, o las sefiroth de los cabalistas hebreos, que encierran en una simple tabla los atributos y propiedades espirituales de la Deidad, son imágenes grandiosas y sublimes, que nos inspiran admiración y respeto, pero que imponen humildad a la ciencia. Si queréis desalojar al sotanero y excluir al indiferente y al impío, no deis a la orgullosa filosofía los medios de sutilizar sobre nuestras doctrinas y de materializar nuestra fe.

Respetad el velo bajo el cual la naturaleza oculta sus misterios, contentaos con el lenguaje mudo en que habla a vuestra razón; ella misma es un gran símbolo, la imagen perfecta de una providencia suprema. Permaneced, pues, fieles, Hermanos míos, al lenguaje que se os ha dado, por el cual imitando el amor eterno y benéfico del Sublime Arquitecto del Universo, estudiad y perpetuad nuestro simbolismo.

SAPENATH PENCAH

EN EL CENTRO del espacio que las estrellas invaden en sus cursos, se alza el Templo Sapenath Pencah. Mármol, alabastro o pórfido no componen sus elegantes y majestuosos muros; tales materiales se dejan a los mortales. Sus columnas están compuestas de una esencia pura, sutil y material de los elementos que brilla con dulce claridad; extendiéndose en largos Pórticos, redondeados por imponentes arcos, encabezados por audaces cúpulas; formando un santuario del que el arte no puede imitar sus bellezas religiosas. El lugar está lleno de una suave luz que adopta muchas formas y encanta la vista por doquier. La entrada al mismo no está defendida por fantasmas armados con espadas flamígeras, sino que la dulce benevolencia, sentada en el primer Pórtico, tiende la mano a los tímidos seres que llegan hasta allí para suplicar a la Divinidad su admisión entre los Grandes Elegidos de este Santuario.

En la fachada está la imagen del sol en su gloria, debajo el nombre Inefable. Las estrellas circulan alrededor de los entablamentos que decoran con sus globos luminosos; las columnas están rodeadas de hojas de vid y de todos los arbustos que se aferran a los troncos de los árboles, pues este único templo es un epítome del universo. Entre las columnas están colocadas estatuas etéreas de hombres virtuosos, a quienes el Eterno ha convertido en instrumento de felicidad para sus semejantes y que son dignos de la gratitud y admiración del pueblo. En la fachada exterior hay una descripción completa e inmensa de los tres reinos de la naturaleza; el mundo entero, ornamentado con sus diversas producciones, los elementos y sus características distintivas. Se muestra la imponente salida del sol, hasta que su disco centelleante vuelve a su lecho sobre la cresta de las montañas, donde lanza sus últimos fuegos en los mares azules del firmamento; las cúpulas celestiales salpicadas de estrellas centelleantes; el disco plateado de la luna saltando sobre las olas; los fantasmas luminosos que caminan sobre el océano en medio de la noche profunda; un Templo majestuoso rompe el nivel de los mares, situado sobre las llanuras móviles entre largas cadenas montañosas, llenándose siempre y siempre renovado. La misma mano ha representado allí las más bellas escenas de la tierra; las cuatro estaciones despliegan sus encantos; allí podéis contemplar la lluvia cálida y vivificante cayendo en vetas de plata, al atravesar los rayos del sol, para reanimar la tierra con los primeros signos de la primavera; los torrentes de calor ondulante levantados por los fuegos del verano sobre los maizales abrazados por el sol; una pradera, sus orillas cubiertas de una alfombra de rosas cargadas de diamantes, de los vapores del otoño, esparcidos por los vientos y formando un suave manto ondulante, que durante el reposo de la naturaleza cubre la tierra de una blancura deslumbrante.

En el interior de este Templo hay magníficos *bajorrelieves* que representan la historia del hombre; los felices acontecimientos que aseguran la felicidad de la humanidad y. las acciones de aquellos ilustres mortales, que desafían la furia de la humanidad para defender la inocencia y la verdad. Aquí están representados aquellos que por la fuerza de su genio, la grandeza de sus concepciones y la intrepidez de su corazón, han preservado a su país de los horrores de la guerra civil, aplacando la furia de las facciones que conspiraban su ruina, poniendo fin a las calamidades públicas y consagrando, para sus conciudadanos, nuevos anales de felicidad.

El primer objeto que golpea la mirada ardiente del neófito que entra en este templo augusto, es *la Belleza,* primogénita del Sublime Arquitecto del Universo, su forma deliciosa que sirve para el modelo que da el ser a los compañeros encantadores de hombres; Cerca de ella está la Naturaleza, los elementos que componen su existencia, el fuego puro que arde en sus ojos, forma alrededor de su frente una gloria luminosa; su aliento es el céfiro y alrededor de su rostro y de su pecho se curva la luz meteórica en ondulantes ondas; sobre su vestido de pañales están figuradas todas las flores que embellecen la tierra, todos los pájaros que animan las arboledas. Por todas partes hay un orden encantador, una armonía deslumbrante, mares de placer y de virtud; apariciones benéficas que conservan el mundo y residen cerca Del Sublime Arquitecto del Universo; ocupándose cada instante en la contemplación deliciosa de sus obras maravillosas, participan de su felicidad y escuchan con avidez y en silencio el lenguaje sublime que las encanta.

El Eterno, dirigiéndose a los Elegidos dice: ¡Acércate, no temas nada, escucha! Las estrellas que contemplas en los campos de la inmensidad están suspendidas en el espacio por mi brazo; ningún obstáculo se opone a su curso, pues la fuerza motriz es mi voluntad y la ejecución de mis planes; dos. movimientos atrayentes y repelentes, que, según la ciencia humana, tienden aparentemente a su destrucción, se contienen cada uno en sus órbitas, pero producen por colisión ocasional un caos chocante. Mi mano omnipotente separa la luz de las tinieblas y da brillo a las antorchas que centellean en gloria eterna en los cielos; el astro del día está lleno de luz eterna que he hecho fluir en torrentes inagotables; otros soles se dispersan en el vacío y forman centros de sistemas más vastos, que vuelcan sus torrentes luminosos sobre las estrellas, relegadas a los confines mismos del espacio, tomando de nuevo prestada la luz de los planetas que se cruzan y que, confundidos en el espacio, se unen todos para iluminar los globos habitados que vivifican; y haciendo que los elementos, agitados por estos fuegos, produzcan en su serie propia los seres que los embellecen. El núcleo de la tierra, lo he formado de una sustancia tan dura, que el agua del océano, que cubre y disuelve todos los cuerpos, no puede penetrar en ella, mientras que la superficie se mantiene húmeda por las aguas que la impregnan. Dos fuerzas opuestas causan la oscilación de polo a polo, de esta inmensa masa de tierra y las aguas acumuladas en el abismo, que sin embargo son preservadas por este equilibrio parejo de la destrucción. Vastos bosques están rodeados de largas cadenas de montañas, coronadas de nubes, de las que atraen las aguas nutritivas que proporcionan a las flores sus inagotables ríos, serpenteando hacia los mares por insensibles pendientes y atravesando países sobre los que esparcen frescura y vida; estos ríos contribuyen incesantemente a los océanos y a las olas, que mantienen su nivel sin desbordarse nunca y les devuelven lo que los vientos y el calor han atraído de su superficie; los embalses que atraviesan el seno de la tierra en todas direcciones reciben el exceso de estos afluentes y desbordando las orillas circundantes inundan la tierra.

Los torrentes que brotan del seno de la tierra, después de haber recorrido su curso subterráneo, y los vapores de lluvia fecundante, calentados por el calor del astro del día, se unen a la materia para provocar la fermentación en la masa inerte e inmóvil, de la que nacen y a la que regresan todos los seres creados. Esta masa de materia se resquebraja, se levanta en todas sus partes y se cubre de una alfombra de verdor. Así se nutren inmensos bosques habitados por animales; deliciosas arboledas reservadas a los mortales. Desde las inteligencias celestes, hasta el hombre, que es el primero en el orden de los espíritus unidos a la materia, hasta el vegetal inanimado que nace y florece a orillas del océano, un innumerable tren de seres existe sobre el globo; el aire, la tierra, las aguas, pululan de vida; todo está lleno de animales cuya forma y maneras son variadas hasta el infinito y cuyas especies imperecederas atestiguarán para siempre mi poder y la fecundidad de mi genio creador; legiones de insectos, nacidos en las aguas cristalinas, revolotean con sus alas centelleantes, sobre la orilla y vienen a depositar el fruto de sus amores feéricos. En el seno del inmóvil estanque verdoso del que el hombre se aparta como de una morada corrompida, hay seres animados, que en su simplicidad se acercan a los elementos, seres desconocidos desde hace mucho tiempo por los mortales que no sospechaban su existencia, nutridos con los jugos obtenidos por disolución y que así reingresan en la masa de la materia animada sirviendo ellos mismos de alimento a otros seres. Estas aguas recogen toda clase de cuerpos y por fricción los devuelven a la tierra; de su seno calentado por el sol, surgen vapores investidos por el crepúsculo y la aurora de los colores más vivos, que la atmósfera recibe y transforma en lluvias fecundantes. La descomposición de ciertos cuerpos sirve para la formación de otros, la generación de los seres vivos respira, con el aire, las emanaciones de lo que acaba de extinguirse; los hijos son el ataúd de sus padres, todos parten de esta materia animada y vuelta a vuelta todos vuelven a ella; es la misma madre mundo renaciendo sin cesar de sus propias cenizas, nada puede salir de la esfera que le ha sido asignada ni ser destruido, nada perece.

Si el hombre tuviera la inteligente fuerza de voluntad de levantar el velo isíaco que cubre los misterios de la naturaleza, captaría la amplitud de sus vastos planes y los numerosos medios empleados para su ejecución. Comprendería el fenómeno del fuego que penetra, anima y modifica la materia; la composición de los cuerpos por la condensación de los fluidos; la luz, madre de las ilusiones y generadora de todos los colores que embellecen las diversas formaciones. Comprendería los elementos y sus combinaciones que constantemente escapan a la atención; y la oscuridad que envuelve los últimos límites del conocimiento humano se dispersaría, permitiéndole captar con una mirada el largo tren de consecuencias.

Los trabajos y las luces de los hombres de genio, a medida que se acumulan para formar las ciencias, son monumentos de la extensión de la superioridad del hombre sobre los otros seres, por los que está rodeado, así como de su propia debilidad en los límites que es incapaz de traspasar; el espíritu ilustrado, no más como una antorcha oscurecida por sus propios vapores, ardería con la llama más pura y arrojaría sobre cada objeto un suave resplandor.

Cuando tu atención haya contemplado nuestro Templo Místico, aprendido todas sus bellezas y captado las afinidades entre sus diversas partes y recorrido el inmenso laberinto visitado por las estrellas; gozarás de la armonía celeste de los cuerpos que recorren el espacio, en trayectorias fijas y distancias combinadas, movidos por los brazos del Eterno, guiados por la inteligencia Omnipotente, padre del pensamiento. Entonces se desarrollarán ante tus ojos asombrados espectáculos más grandiosos y sublimes que los que puede ofrecer la naturaleza; contemplarás con asombro cuerpos de inmenso volumen dispuestos en el espacio que recorren, acompañados de una majestuosa galaxia de planetas y estrellas centelleantes, despidiendo una luz más pura que la de la estrella del día y poblados de seres destinados como nosotros a la felicidad eterna, seres superiores cuyas formas, cualidades y maneras, no fueron antes sospechadas por tu débil inteligencia.

Los placeres de esta sublime contemplación llenarán para ti la eternidad; tus facultades, siempre en aumento, se desarrollarán hasta abarcar todas las maravillas del espacio y los encantos de la verdad brillarán ante tus ojos con todo su fulgor; tu inteligencia abarcará entonces el universo, sus vastas concepciones comprenderán todo lo que es, todo lo que puede ser, tu espíritu, todos los pensamientos que forman tu inteligencia; Comprenderás la universalidad de las afinidades; el conjunto de los sistemas celestes acumulados en las poderosas manos del Sublime Arquitecto del Universo, sistema sobre sistema, hasta los confines de la inmensidad; comprenderás la fuerza y los movimientos de esos mundos, cuya unión y afinidad crean la armonía del universo.

Oh, hermano mío, contempla el mundo que habitamos. ¡Qué orden, qué armonía! Cada objeto está hecho para otro; la tierra, los cielos, los mares, los elementos y las estaciones, todos unidos en el armonioso concierto de las cosas. Contemplad el conjunto de los cuerpos celestes, cuyas prodigiosas distancias y asombrosa grandeza agotan los cálculos del más grande genio; esas estrellas que ruedan sobre nuestras cabezas, esos globos de luz que dan brillo al firmamento, esos mundos esparcidos en el espacio, formando un sistema completo y armonioso, en el que todos los cuerpos pesan unos sobre otros y producen un movimiento recíproco, todos unidos por la ley general y constantemente prestándose mutuo apoyo.

Ahora, desde lo infinitamente grande, descendamos a lo infinitamente pequeño y con la ayuda de un microscopio, consideremos estos animalculæ que son millones de veces menos que un grano de arena; sin embargo, tienen su cabeza, boca, ojos y esos ojos tienen sus globos oculares, fibras y músculos; tienen sus venas, nervios y arterias; esas venas tienen su sangre, esos nervios su espíritu; tienen sus partículas, esas partículas tienen sus poros y esos poros están llenos de partes, cada una con su forma y división en partes aún más diminutas; Todas esas innumerables partes, cuya minuciosidad ningún esfuerzo del intelecto puede concebir, están formadas por proporción exacta en un ser animal vivo, que tiene alimentos que le son propios, su quilo y sus humores y sus funciones especiales como otros seres; trituración, circulación de la sangre, digestión y generación; en fin, todas estas operaciones están entre las maravillas de la naturaleza y dan testimonio de la inteligencia, sabiduría y poder del creador.

¿Por qué elegir, Hermano mío, entre los objetos a nuestro alcance? Tomad a la ventura y examinad los pájaros que vuelan, los peces que nadan, la araña que teje, la abeja con su política y sus leyes; el industrioso insecto que con tanto arte purifica las necesidades de sus pequeños recién nacidos; la oruga que se arrastra y se metamorfosea en la hermosa mariposa; la planta que vegeta, el arbusto que crece con la ayuda de las raíces que buscan su alimento; la semilla que la tierra acoge en su seno para devolvérsela centuplicada; el tallo que crece para nuestro uso, árboles, flores y arbustos; el edificio móvil de nuestro propio cuerpo, del que galeno no podía explicar la estructura, sin exclamar, con todo el entusiasmo del que era capaz, que cantaba el más bello himno en honor del Sublime Arquitecto del Universo.

El universo es un libro abierto a todos los hombres; el camino que conduce al Templo del Sublime Arquitecto del Universo no es áspero ni está sembrado de espinas y la masonería no exige a sus miembros que se abandonen a terrores supersticiosos, que rompen todos los lazos que les unen a los objetos que les rodean, ni les condena a privaciones, a la práctica de austeridades y a una vida contemplativa. Es un estado contrario a nuestra institución. ¿Qué hombre, inflado de vano orgullo, se atreve a decir: «Me elevo con el pensamiento por encima de los demás hombres y rompo las cadenas que me unen a ellos; fijo mi atención sólo en la divinidad»? A los hombres mortales les basta amarse, sostener el peso de la debilidad de los demás y gozar sin abuso de las riquezas que produce la naturaleza; a cada uno le basta seguir la inspiración secreta que lleva en el corazón, esta guía nunca le apartará del camino de la virtud, madre de la verdadera felicidad. Las cadenas que atan a los hombres a la tierra no son pesadas y pueden, por la contemplación, elevarse por encima de ellas; el mundo moral es el verdadero imperio del hombre y el Sublime Arquitecto del Universo ha puesto lazos inmutables entre su mundo espiritual y el de la materia; ¿qué poder puede destruir esos lazos? Existen las vastas regiones del pensamiento, los reinos de la imaginación; el espíritu encontrará al recorrerlos una alegría de la que todos los poderes del mal serán incapaces de privarle.

El hombre no tiene más que una corta distancia que recorrer en el camino de la vida; a menudo es perseguido y más fácilmente desprendido de la tierra, las alas de la muerte son su asilo y cuando la divinidad ciega haya roto el espeso molde de materia que envuelve su alma, brillará en el espacio como un ángel de luz; La pena ya no le afectará, verá con un ojo de desprecio a las infernales cohortes de la pasión, buscando en vano su presa sobre el cieno que ha abandonado; semblanza del horrible gusano, que después de haberse arrastrado largo tiempo, sobre la tierra objeto de aversión y desprecio, arroja a un lado la máscara que velaba su belleza y despliega a los rayos del astro diurno sus centelleantes alas, alzadas triunfalmente por encima de los que quisieran aplastarle bajo sus pies. El hombre que no aspira más que a la posesión material, no puede percibir qué felicidad podría disfrutar separado de ella; le aterra la soledad de la inmensidad; no ve nada con qué ocupar su espíritu, ningún objeto que su corazón pueda amar; ¿qué hará en la eternidad? Prefiere la nada. Pero, apenas liberado de sus ataduras, conocerá su sublime destino y bendecirá la mano poderosa que lo sacó de esta nada para darle la eternidad. Tal es la Misión Consagrada de la francmasonería. A todos vosotros, Hermanos míos, os corresponde cultivar el campo de la inteligencia humana para sembrar las semillas de una filosofía benéfica y señalar el camino de la felicidad.

LA FE ESPIRITUAL DEL ANTIGUO EGIPTO

ES EN EGIPTO donde encontramos la información más perfecta con respecto a la antigua fe, debido al cuidado con el que se registra que han preservado la antigua tradición y debido a la gran antigüedad de sus registros manuscritos y monumentales conservados hasta nosotros. Esta gran nación tenía un sistema religioso completamente desarrollado hace 6.880 años, época en la que Menes unió el Alto y el Bajo Egipto en un solo imperio y plasmó una representación jeroglífica de siete grandes dioses cosmogónicos y psíquicos cuyo culto había prevalecido en los veintiséis Nomes de aquel, ya entonces, antiguo país. Este gran emperador, descendiente de una raza de profetas, sacerdotes y reyes, construyó el templo de Menfis e impulsó el culto de Heseri e Isis en todo el imperio unido. Estableció en Menfis a los siete hijos de Ptah, que con Neith produjeron a

Ra o Helios, el poder creador del orbe solar que de nuevo produce a Agathedæmon, espíritu o aliento. Después de esto Chronos o Saturno y Nu o Rea, tiempo y espacio, producen a Heseri e Isis, Set y Neftis y ellos Horus, Anubis y Hermes o Thoth, que es el Revelador.

En el Libro Egipcio de los Muertos se encuentra una descripción del progreso del alma humana en el estado futuro. Algunas copias de este libro tienen al menos 4500 años de antigüedad, incluso entonces acompañadas de comentario sobre comentario, lo que prueba que la gran antigüedad del LIBRO, en aquella época, era tal que los propios sacerdotes cultos tenían dificultades para interpretar sus secretos esotéricos.

Los principales órdenes de dioses o inmortales, mencionados, son los *Nu o* dioses asociados y las aguas primordiales, el *put o* ciclo celeste; los grandes dioses *Neteru* o *Neter-aat* y los jefes Gaga. Se mencionan además los *Mu o* muertos, los *Bet mes* o depravados y los *Kefti* de acusadores del alma pasajera. Dos seres antagónicos aparecen en todo, Osiris y su tríada, el prototipo de lo bueno y justificado; y *Set* o *Baba* y sus demonios, los subversores del bien. Físicamente se dividen en luz y tinieblas, simbólicamente están representados por el sol y el gran dragón Apofis. El alma parecería ser un ser increado, pero el aliento de vida es el don de Tum el sol poniente, o Serapis. Isis y Neftis prestan ayuda al espíritu, Thot lo justifica; Anubis embalsama su momia, Horus defiende. El objeto del libro es enseñar al espíritu cómo evitar la «Segunda muerte en el Hades» y librarse de sus diversos adversarios que podrían tratar de detenerlo o destruirlo, en su paso o destino. El sol es simbólico de esto, pues el ritual dice: «¡Oh!, obreros del sol de día y de noche, Osiris vive después de muerto, como el sol cada día, pues como el sol murió y nació ayer así nace el Osiris. Es el hijo amado del Padre, ha salido de la momia un espíritu preparado». Consciente de su naturaleza divina, el espíritu exclama: Sé que fui engendrado por Ptah, dado a luz por Neith. Al igual que Osiris, el espíritu es víctima de diversas trampas y persecuciones diabólicas sobre las que triunfa gracias a la gnosis o conocimiento, de los misterios celestes e infernales que ha aprendido. Al final, el alma del difunto Heseri, es conducida a la presencia del padre divino que está sentado con cuarenta y dos jueces en la «Sala de las Dos Verdades» simbolizadas, como verdad y justicia, por el cúbito y la pluma de avestruz; y distinguidas como inmortales o dioses, por la cruz tau de mango anular. Aquí negó cuarenta y dos pecados.

El alma es descrita como entrando como un Fénix; habiendo atravesado los caminos de las tinieblas sale con alegría, exclamando: «Salgo con justificación contra mis enemigos; he alcanzado los cielos, he atravesado la tierra; he cruzado la tierra al paso de los espíritus un jefe viviente». Brillante como el Sol, los dioses exclaman: «¡Salve venida como Tum, creada por el Creador de los dioses!». Y del Sol exclaman: «¡Salve tú, más grande que los dioses, que te elevas en los cielos gobernando en la puerta! Salve tú que has cortado en pedazos al Despreciador y estrangulado a Apofis», con cuyo símil se animaba a los mortales a combatir contra las tinieblas y el mal. El alma renovada realiza todas las antiguas funciones de la vida, pero: «No hay un miembro de él que no sea como un dios». Es coronado triunfalmente como fiel soldado de los dioses, que así se dirigen a él: «Tu Padre Tum te ha atado con esta buena corona de justificación, con ese frontón viviente: amado de los dioses, vives para siempre».

La fe religiosa de toda la humanidad deriva de una única fuente central; con nosotros el Gran Espíritu se desarrolla en el

Ser Jehová, como Brahm en Brahma y Kneph o Ptah en Osiris. Así, en Isis y Swayambhuva tenemos el espíritu o principio generador. En Horus (que también es Khem), Kristna y Buddha, tenemos al Mediador Salvador. En Set, Siva, Satán, el acusador y destructor de almas.

SOBRE EL ATEÍSMO

LOS EJEMPLOS de las épocas más remotas y los usos de los pueblos más bárbaros, nos enseñan que el respeto a los muertos es universal. Este respeto es una prueba de que todas las naciones admiten la existencia de Dios y la inmortalidad del alma humana.

El ateo es un monstruo de orgullo e imperfección; para elevarse a sí mismo degrada la divinidad. Está encadenado dentro del estrecho círculo de sus pensamientos y, mientras intenta abarcar la inmensidad, hace de la materia un ídolo. ¿Y qué medios tiene de asegurarse a sí mismo que existe fuera de sus sentidos, que el universo no es una percepción de su alma, como es una de las ideas del Sublime Arquitecto del Universo? Oh, tú, Ateo, que te dices a ti mismo: «¿Qué necesidad hay de fatigar mi imaginación con la idea de un Dios que humilla mi orgullo? La materia tiene alguna fuerza inherente que basta para su movimiento, releguemos este Ser a los niños imaginativos».

No, no, no puedes humillar a este Ser Superior, la prueba de su existencia está escrita en letras de fuego, sobre la cúpula del firmamento en que vaga tu espíritu. El hombre sería un prodigio de materia dirigida por la inteligencia, y el universo, en el que no es más que un átomo, sería producido y dirigido por el azar. ¿Esas masas centelleantes en la inmensidad serían eternas y lo que las produjo perecedero? No, eso es imposible. ¿La idea de la existencia de un Ser superior a ti y de la inmortalidad del alma, es demasiado vasta, demasiado sublime, para tu comprensión? ¿Eres incapaz de sostener el peso de la palabra eternidad? Tu imaginación es incapaz de concebir un mundo poblado de seres superiores a ti. Si el azar es un Dios, ante el cual se han arrodillado los mortales, ¡deberían conjurar un mejor estado de cosas! Si la materia inerte ha creado el pensamiento, si el Sublime Arquitecto del Universo es hijo de la imaginación; la idea de su existencia fue la más vasta, la más sublime de todo el pensamiento del hombre; es pues un hombre el creador del universo, el menos perfecto de los mortales fue el primero de los seres; es él quien ha hecho lo que la tierra adora como su soberano, es a él a quien sus semejantes deberían elevar sus altares.

En vano será que una madre se postre, para gastar su pena en la tumba de algún mortal a quien adoraba, para dolerse de aquella pérdida que más acariciaba y desear lanzarse a la eternidad con el perdido. En vano será esa esperanza de un estado mejor que sostiene a un hombre virtuoso y perseguido, arrastrándose hasta el fin de su carrera, pues encontrará más allá de ella. ¿Nada?

Será en vano que el culpable, desgarrado por el remordimiento, se postre sobre la tumba de su víctima. Puesto que el pobre no es más que el incauto de la virtud; puesto que no hay recompensa ni indemnización por las largas privaciones, sólo le quedan los recursos del crimen y su ocultación. Los lazos de la sociedad se rompen y los hombres pueden huir al bosque en busca de protección. Por qué ha de preocuparse el hombre de cultivar su corazón y su espíritu, pues la razón, el conocimiento y la sensibilidad sólo servirán para convertirlo en el más desdichado de los seres, si su alma no es inmortal, si no existe Dios. No, hermanos míos, creedlo firmemente, el hombre no es hijo del azar, no se disuelve después de la muerte en la nada. Sólo el hombre malvado, perseguido por el remordimiento, no se atreve a fijar su mirada en esa larga sucesión de tiempo que no tiene fin; tiembla ante la voz del juez que le llama y para tranquilizarse exclama: «¡El hombre no es más que materia y no hay Dios!». Pero el hombre virtuoso, que ha ejercido la abnegación, cuenta con la inmortalidad como su justa recompensa.

En el ateísmo no hay nada para la imaginación, nada para la desgracia; el hombre se sustenta en la esperanza y vive de sus dulces ilusiones. ¿Por qué privarle de la más consoladora de ellas? La verdad, dicen, ¡la verdad! El fanatismo de esa verdad es entonces muy cruel, pues asimila al hombre a los brutos y le priva de la esperanza de la inmortalidad. Pero, ¿sobre qué base sólida creeremos que la materia y el azar han formado el universo, puesto que la naturaleza de las cosas lo desmiente por completo? Si la materia ha creado el universo mismo, por ciega necesidad, ¿de dónde surgen en nosotros todas esas grandes ideas y sentimientos tan contrarios a sus principios; de dónde derivamos todas esas características como la prudencia, la previsión y la elección, tan repugnantes al sistema del fatalismo. De donde provienen la conciencia, el remordimiento, la ley moral, los deberes naturales y la idea de libertad que sienten todos los hombres. Si el ciego azar ha formado el mundo, ¿de dónde sobre todo la inteligencia y la sabiduría; por qué las afinidades entre los seres que poseen estas cualidades, por qué tienen orden e idea? No, hermano mío, sólo el necio ha dicho en su corazón que no hay Dios, la inmortalidad es la concepción innata de la humanidad desde la más remota era y la doctrina que aquí hacemos valer.

Verás todo esto aún más claramente cuando el sublime Consejo te instruya en la ciencia, el simbolismo y la teosofía de las diversas filosofías de la antigüedad y los misterios mayores y menores de nuestros sabios predecesores.

LA PIRÁMIDE DE KEOPS

EL LUGAR DE REUNIÓN de los Patriarcas de la Verdad, representa una sala subterránea, situada en las profundidades más bajas de los recovecos más recónditos de la Gran Pirámide de Keops; la única entrada a la cual era a través de una serie de corredores sombríos, pequeños pasajes sinuosos de sólo tres pies de ancho y la misma altura, que conducían al mes de un abismo oscuro y terrible, aparentemente de inmensa profundidad, por el cual descendían los Patriarcas. El exterior de este magnífico edificio era el simbolismo del mundo construido sobre los principios más puros de la astronomía, la astrología, las matemáticas y la geometría.

El interior era un templo destinado a enseñar e ilustrar esas ciencias. Luego se consideraba el alma del hombre como una emanación directa de la deidad y su caída del espíritu a la materia densa, su transmigración y nacimiento final en la virilidad y su redescenso en formas animales en el caso del hombre embrutecido, o, si prevalecía el elemento divino, un nuevo nacimiento en la naturaleza divina. Estas eran las etapas del glorioso drama para el que se construyeron estos templos y, sobre todo, el gran templo de Keops, que los fundadores, mediante abstrusos cálculos astronómicos, diseñaron para que fuera el centro físico del mundo y el centro metafísico de sus sublimes enseñanzas.

Esta estructura muda pero elocuente está llena de revelación mística, para aquellos que poseen la Gnosis.

La línea de base de este gran edificio es de 761 pies y ocupa más de 13 acres de tierra, su altura vertical es de 480 pies. El estándar de su construcción fue el codo común de 17,7425 pulgadas, o 6 palmos o 2 palmos, siendo el codo real un palmo mayor. El canon de proporción es 3,14159 y el origen de todos los antiguos estándares de medida en el tiempo y el espacio. Cada lado de la base simboliza un cuarto de año en el cómputo de 100 pulgadas por día, o 9131,055 x 4 = 3654,22 pulgadas, por lo que cada lado es de 515,1647 codos, una suma que juega un papel importante en el simbolismo interno, ya que es la diagonal cúbica de la cámara del rey, siendo también la mitad de la circunferencia mayor del cofre, cuya capacidad es de 4000 codos, o 70898,151 pulgadas cúbicas.

La base es un cuadrado perfecto, símbolo de la unión de los principios masculino y femenino de la creación; los lados, un triángulo perfecto, simbolizan el principio masculino de la naturaleza. Dos veces al año, el observador presenció el sol como si descansara sobre su mismo vértice.

Las diferentes etapas de los misterios que se celebran en sus desconcertantes pasadizos, grandes cámaras, galerías, pozos hundidos que terminan en criptas secretas, los pasadizos descendentes que conducen a edificios sepulcrales, las galerías ascendentes y las cámaras nobles con sarcófagos vacíos y sin tapa, todo ello habla al corazón del verdadero Maestro. Pero su espíritu se encuentra en la gran ley de la correspondencia universal, que hace de la geometría el plan y de las matemáticas la suma de todas las cosas, uniendo el color, el sonido, la forma, la función, la materia, el espíritu, el hombre y su creador, cada planeta con su sistema solar y éstos con el Universo entero en un estupendo esquema de armonía. Los sonidos y los colores no son más que números espirituales; como los siete rayos prismáticos proceden de un punto en el cielo, así los siete poderes de la naturaleza, cada uno de ellos un número, son las siete radiaciones de la unidad, el sol central, espiritual. Fragmentos de la sublime filosofía egipcia fueron obtenidos por todas las mentes capaces que restauraron a los sacerdotes egipcios para la instrucción oculta; y se encuentra en los sistemas filosóficos de los griegos, romanos, judíos y herméticos de Occidente; en la plenitud de la antigua masonería y en las puerilidades exotéricas efímeras de algunos de los ritos modernos. Una pirámide en revolución se convierte en un cono. Nuestra gran tríada es el espíritu indestructible, la vida o movimiento y la materia, o la luz astral, de la cual la electricidad es una variación. En esta acción eléctrica gira el sistema planetario y en la materia astral el elemento espiritual. La materia astral del hombre no es un solo elemento como el espíritu inmortal, sino que es una combinación de los elementos del sol y de los sistemas planetarios, aire, éter, atmósfera, tierra con su vida orgánica e inorgánica y sus emanaciones constituyen el maravilloso cuerpo del hombre, que es un verdadero Cosmos sobre el que está impreso todo lo que el alma ha recogido en su proceso de crecimiento y es tanto un microcosmos de la mente interior del individuo como del universo visible e invisible exterior: constituyendo esferas o capas, que después de la muerte forman el cuerpo astral del espíritu y son análogas a la materia eléctrica y astral en los reinos del espacio: el principio espiritual de la tierra, el galvanismo, el magnetismo, el movimiento, a través de sus rocas, plantas, minerales, aguas y gases.

Según los árabes, cada una de las siete cámaras piramidales estaba dedicada a un planeta en particular; cada momia, que ejercía una influencia sobre el espíritu difunto durante 3000 años, se colocaba en una posición tal que ascendía a través de las siete cámaras planetarias antes de su salida en el vértice simbólico, simbolizando así aún más las siete esferas espirituales. El sol, a cuyo honor se dedicó este templo de Keops, muere una vez al año y desciende a las profundidades de la tierra, de la misma manera que la muerte permanece en las criptas más bajas, en las cenizas del fundador terrenal del edificio. Los intrincados pasadizos, los senderos estrechos, ásperos y escarpados y la apertura final en la gran sala del Templo, eran sólo otros tantos tipos y símbolos prácticos, comparando el progreso del alma con el del sol a través del zodíaco constelado de los cielos. Fue en esta gran sala donde el Neófito recibió su instrucción final en el misterio de la vida y la muerte. Muerto por la violencia y depositado en el cofre con él es destruida la palabra del Maestro de la que depende la construcción del gran templo. Una vez encontrada, resucitada y nacida de nuevo; allí el sol del cielo se sienta triunfante en la cúspide misma de esa pirámide, que es en sí misma un símbolo de la vida generativa; que no es sino un emblema del sol espiritual, que es Dios, de donde la materia deriva vida y brillo.

No es necesario que describa las ceremonias por las que habéis pasado esta tarde, ni que intente interpretaros su significado, puesto que ya ha quedado claro, paso a paso. Al mismo tiempo es necesario que seáis ilustrados sobre el hecho de que el verdadero lugar de nacimiento de las porciones más importantes y sublimes de la masonería fue esa poderosa tierra de misterio y sabiduría, la tierra de Egipto. Egipto, cuyo origen mismo está oscurecido por las nieblas de incontables edades, en las orillas de cuyo gran río, el Nilo, una vez se levantaron 30.000 magníficas ciudades, algunas cuya población parece casi fabulosa, cuyos magníficos Templos y cuyas poderosas obras de arte, se ríen de los esfuerzos de la civilización moderna. Sus obras arquitectónicas han resistido los estragos del tiempo y la mano destructora del hombre durante miles de años y lo seguirán haciendo en el futuro; todavía las gigantescas pirámides alzan sus cumbres ininterrumpidas hacia las nubes, recuerdos eternos de una raza poderosa. Egipto, la madre de la civilización, el hogar de la sabiduría y del arte, cuando Grecia y Roma aún no eran conocidas, ni se oía hablar de ellas, y no existían los poderosos imperios del presente.

Fue en esta tierra de Egipto, en el valle de Menfis, donde nuestro amado rito asumió por primera vez una forma afín y coherente y obtuvo de los más grandes y mejores Sabios de Egipto esas divinas lecciones de Sabiduría, virtud y caridad, que con su conocimiento de las artes y las ciencias combinadas, ha preservado a través de sesenta siglos o más, incluso a través de guerras, hambrunas, plagas, barbarie y la oscuridad de la edad media, el Rito Antiguo y Primitivo en toda su pura belleza inmaculada. En la época más remota, la masonería floreció en Egipto y alcanzó en él un arraigo tan fuerte, que todos los más sabios y poderosos de su población eran miembros del vínculo místico. Los archivos del Rito de Menfis pueden contar entre sus votantes nombres como Orfeo, Homero, Pitágoras, Tales, Virgilio, Hipócrates, Sócrates, Platón y muchos otros grandes nombres de Grecia, esa hija intelectual de Egipto. Triptólemo, Erecteo, Cadmo y muchos otros se arrancaron de los encantos del hogar para llevar la luz de la civilización a los pueblos bárbaros. Homero, Heródoto y otros reunieron en Tebas y Menfis los conocimientos y la ciencia que luego transmitieron a sus ingratos compatriotas. Pitágoras se atrevió a los peligros más espantosos al recorrer las orillas del

Nilo para aprender de los hierofantes cómo el hombre puede llegar a ser feliz siendo virtuoso. La riqueza y la influencia de la orden eran casi incalculables. Se erigieron edificios de enorme magnitud en los que se celebraban nuestros ritos. Se tomaron las mayores precauciones para proteger nuestros misterios de los profanos, hasta el punto de que en tiempos del Gran Hierofante Moeris, sucesor de Osymandias, hizo excavar un gran lago alrededor del templo, sagrado para nuestras reuniones, y lo llamó con su propio nombre; pero con el transcurso de los siglos ese lago quedó ahogado por las arenas del desierto y las reuniones del Rito, desde entonces, se celebraron en las Pirámides, en cámaras expresamente adaptadas para cada grado del Rito.

De todas partes del mundo entonces conocido venían los filósofos más eruditos, los guerreros más heroicos, los príncipes más poderosos, buscando ser admitidos en los portales de nuestros templos. Dispuestos y deseosos de someterse a los rigurosos exámenes, las largas pruebas, los ayunos, las vigilias, las privaciones, las terribles pruebas de valor, fuerza, resistencia e inteligencia, que se exigían entonces a todos los candidatos antes de permitirles recibir siquiera el primer grado de Isis. Los misterios griegos y romanos no eran más que perversiones corruptas de las enseñanzas morales de la masonería, pero los judíos que adquirieron su conocimiento del Oficio en Egipto, estaban tan verdaderamente imbuidos de las doctrinas puras del Rito y sus enseñanzas, que las preservaron intactas, con la excepción de alterar los nombres y la localidad y como si fuera nacionalizar los grados anteriores.

Tal fue, Hermano mío, el origen y el surgimiento de este rito que ahora existe en todos los países civilizados del mundo; que cuenta con miles de asociados, cuyos principios se basan en la verdad, la justicia, la humanidad y la virtud; y cuyo poder para el bien supera al de todos los pontífices, emperadores, reyes y potentados de la tierra juntos.

SIMBOLISMO ASTRONÓMICO

CUANDO LOS PRIMEROS HOMBRES empezaron a unirse en sociedad, se vieron en la necesidad de dedicarse a la agricultura, cuya práctica requería la observación de los cielos. Era necesario regular la duración y la sucesión de las estaciones, los meses y los años. Para ello, era imperativo conocer el curso del sol, que en su revolución zodiacal, parece ser en sí mismo el primer y supremo agente de toda la creación; luego la luna, por sus cambios y retornos, regulaba el tiempo; por último el curso de las estrellas e incluso de los planetas; en una palabra, establecer todo un sistema de astronomía. Entonces, observando que las producciones de la tierra tenían una conexión regular con los fenómenos de los cielos, los hombres concibieron una idea de poder en estos cuerpos y se convirtieron para ellos en genios, dioses, autores del bien y del mal. Los más eruditos se dieron cuenta de que el sol originaba la fertilidad, y que la luna tenía sus efectos sobre las mareas, mientras que en general la salud corporal estaba influida por los cielos. Se registraron los eclipses, los cometas, las diferentes posiciones de los cuerpos celestes y sus efectos sobre la materia animada e inanimada. De ahí, por comparación de estas cuidadosas investigaciones, surgió la creencia en la astrología como una ciencia en la que el destino del hombre estaba influenciado química y magnéticamente. El Sol se convirtió en el primer símbolo de Dios; la Luna, en su consorte; los planetas, en sus sirvientes; y la multitud de estrellas, en un conjunto de héroes para gobernar el mundo. Fue así, a orillas del Nilo, como se construyó el complejo sistema de culto a las estrellas, relacionado con la agricultura. Los tebanos llamaban estrellas de la Inundación, o de Acuario, a aquellas bajo las cuales el río comenzaba a desbordarse. Estrellas del Buey o del Toro, aquellas bajo las cuales era conveniente arar la tierra. Estrellas del León, aquellas bajo las cuales ese animal, empujado por la sed desde el desierto, hizo su aparición en las orillas del Nilo. Estrellas de la Gavilla, o de la Segadora, aquellas bajo las cuales se recogía la cosecha. Estrellas del Cordero y de la Cabra, aquellas bajo las cuales estos animales parían a sus crías. Habiendo observado que el retorno de la inundación del Nilo era siempre precedido por la aparición de una estrella muy hermosa, hacia el nacimiento del Nilo, que parecía advertir a los campesinos contra la sorpresa de las aguas, la compararon con el animal que con sus ladridos avisa del peligro y la llamaron Sirio o la estrella-perro. A otras las llamaban Estrellas del Cangrejo, que se mostraban cuando el sol, habiendo alcanzado los límites de los trópicos, regresaba hacia atrás y hacia los lados, como el Cangrejo o Cáncer. Estrellas de la Cabra Salvaje, las que, habiendo llegado el sol a su mayor altitud, imitaban la acción de ese animal que se deleita trepando por las rocas más altas. Estrellas de la Balanza, aquellas que, siendo los días y las noches de la misma duración, parecían observar un equilibrio como el de ese instrumento. Estrellas del Escorpión, las que eran perceptibles cuando ciertos vientos regulares traían un vapor ardiente como el veneno del Escorpión.

De estas cosas resultó que, por una metáfora muy natural, los hombres decían: «El toro esparce sobre la tierra los gérmenes de la fecundidad (primavera) y hace renacer la vegetación.

El Carnero o Cordero, como se le llamaba antiguamente, libra a los cielos de los genios malignos del invierno y salva al mundo de la serpiente (emblema de la estación húmeda); el Escorpión derrama su veneno sobre la tierra y propaga la enfermedad y la muerte». Con el paso del tiempo, el hombre perdió de vista el motivo que le llevó a adoptar estas expresiones; y permaneciendo la alegoría, el pueblo veía a sus dioses ante ellos y les ofrecía sus plegarias. Exigían al Carnero de su rebaño la influencia que esperaban de su Carnero celestial. Rogaban al Escorpión que no derramara su veneno sobre la naturaleza. Veneraban a los peces del río, al cangrejo y al escarabajo del fango; y por una serie de analogías corruptas, pero inseparables, se perdían en un laberinto de absurdos.

Además, las esculturas jeroglíficas de los sacerdotes fueron igualmente mal interpretadas; pues como los Sabios enseñaban que Dios se encontraba en todas las formas, a través de las cuales el espíritu transmigraba al convertirse en hombre, así los ignorantes adoraban estas creaciones como deidades, mientras que no eran más que emblemas que representaban algunos de Sus atributos, Tal fue el origen de este antiguo y singular culto a los Animales; y así se formó el vasto sistema de teología que, desde las orillas del Nilo, se extendió por el mundo.

Una alegoría más elaborada se desarrolló en Persia, a partir del sistema solar, al que también encontramos alusiones tanto en la India como en Egipto. Para los zoroastrianos había seis periodos o meses bajo el dominio de Ahrimanes, la oscuridad, y seis periodos o meses bajo el dominio de Aura Mazda, la luz. Cuando el sol entraba en Virgo, la serpiente o dragón de la constelación era aplastada y nacía un nuevo sol.

La narración alegórica del *Boundesh* representa así cada mes como mil años y dice lo siguiente. El Dios Supremo creó al principio al hombre y al toro, en un lugar elevado y permanecieron 3000 años sin mal: el cordero, el toro y los gemelos. Después de esto, 3000 años transcurrieron sin más problemas: el cangrejo, el león y la virgen. Después de esto, en el séptimo mil, apareció el mal: la balanza. El hombre recibió el nombre de Caimorah y cultivó la tierra. Las estrellas comenzaron su carrera en el mes Farvardim, que es el año nuevo; y por la revolución del cielo se distinguió el día de la noche, tal es el hombre. La balanza es el giro o punto del mal. Otro pasaje dice: Ahriman, el principio del mal y de las tinieblas, por quien el mal entró en el mundo, penetra en el cielo en forma de serpiente; o de nuevo, se hizo camino entre el cielo y la tierra. Macrobio habla así de los Misterios de Baco, que era Dionisos y Osiris. «Las imágenes o estatuas de Baco, lo representan unas veces bajo la forma de un joven, otras con la barba de un hombre maduro y por último, con las arrugas de la vejez. Estas diferencias se relacionan con el sol, un niño tierno en el solsticio de invierno, tal como los egipcios lo representan en cierto día, cuando sacan de un oscuro rincón de su Santuario, su imagen infantil, porque el sol, estando entonces en su punto más bajo, no parece ser más que un débil infante creciendo gradualmente desde este momento».

Los puntos equinocciales de primavera y otoño en 4.500 y 2.500 años antes de la era común eran el toro y el escorpión, y las constelaciones del cordero y la balanza los sustituyeron entonces. Mitra ya no triunfaba bajo el signo del Toro, sino del Cordero cristiano, desde cuya salida hasta la de las Pléyades, o 40 días, había un regocijo ceremonial. Era en los dos puntos, Aries y Libra, donde los astrólogos fijaban la exaltación de la luz y su degradación. El esfinge egipcio une Leo y Virgo. Virgo da nacimiento al nuevo sol el 25 de diciembre, que revive en esplendor, cuando entra en el signo del Cordero el 25 de marzo.

NÚMEROS SIMBÓLICOS

AHORA HABÉIS OÍDO de labios de nuestros Ilustres Patriarcas las principales doctrinas de las tres grandes religiones de Oriente; os han sido dadas de una manera llana e imparcial, sin ningún prejuicio a favor o en contra. Esta es la única manera en que un tema como éste puede ser investigado. El objetivo de este grado no es la defensa estudiosa de ninguno de estos credos, sino mostrar a nuestros hermanos cómo la religión, al igual que la historia, se repite continuamente.

No existe ni ha existido nunca una sola fe que no haya tomado prestada alguna parte de sus principios de otra más antigua; por supuesto, aceptamos a los primeros patriarcas, que adoraban a Dios de la manera más primitiva, pero desde que comenzaron las formas de culto y de sacerdocio, las mismas ideas, los mismos dogmas, los mismos prejuicios y, más o menos modificadas, las mismas formas pueden rastrearse e identificarse hasta la última invención del último impostor o del último profeta.

La idea de un Ser Supremo es común a todas las religiones, incluso si se topan con el politeísmo y el culto a los ídolos. El Para-Brahma de los hindúes, el Espíritu Eterno de los budistas, el Zeruane Akerene de los antiguos persas, la Esencia Suprema flotando en la superficie de las oscuras aguas de la antigua mitología escandinava, el Belus de los caldeos; el Ulômos, o, El-om-os, Dios eterno, racional, consciente, de los fœnicios, el Kneph de los egipcios, el Virocócha de los mexicanos, todos son idénticos y representan al Dios de los judíos, cristianos y mahometanos. Cada fe tiene sus dos influencias opuestas del bien y del mal: Dios y Satán, Brahma y Moisasur, Ormuzd y Ahriman, Belus y Moloch, Osiris y Typhon, Vitzliputzli y Tezcatlipoca. Todos tienen sus cielos e infiernos y, de forma destacada, tres tienen purgatorios, a saber: los católicos romanos, los egipcios y los parsis. Los brahmanes tienen su trinidad en unidad como nosotros los cristianos. Estos tres están representados por el oro, la plata y el hierro, o los tres picos del sagrado Monte Meru. En los misterios brahmánicos, los mistagogos representaban a Brahma, Vishnu y Siva, o el Sol en el Este, el Sur y el Oeste.

El número cuatro es común a todos: los cuatro elementos, las cuatro estaciones, los cuatro puntos cardinales, Norte, Sur, Este y Oeste, pero es casi inútil multiplicar los ejemplos; la caverna de Elefanta está sostenida por cuatro pilares macizos. El número siete aparece con tanta frecuencia en todas las religiones y ceremonias que demuestra de forma casi concluyente que existe un vínculo entre ellas. Comencemos con los siete días de la semana y los siete planetas de los antiguos. Los rabinos judíos describen siete infiernos y dan sus nombres. Los mahometanos creen en siete infiernos y siete cielos. Zoroastro dice que hay siete clases de demonios; había siete deidades góticas; las siete Pléyades; las siete Híades; los siete Titanes y Titánides; las siete Heliades de los griegos; los siete Cabiri de los fenicios; los siete hijos de Ptah en Menfis y los siete dioses grandes y los siete dioses menores; los siete Amschaspanda de los parsis; los siete Manus; los siete Pitris, Rishis o Sabios de la raza aria; el cuerpo de Baco fue cortado en siete pedazos por las Bacantes; había siete templos sagrados en Arabia; siete lámparas en el templo de Bactriana. El nombre de la esposa de Thot es Sfkh, en hebreo Sebah, o siete; su símbolo son siete rayos, o cinco rayos y dos cuernos, en alusión a los cinco planetas y al sol y la luna, por los que se regulaban las fiestas y las estaciones y que Filón Herenio de Biblos califica de «creaciones sin conciencia a través de las cuales se generan las criaturas racionales; llamadas Zophasemin, o Vigilantes del Cielo». Podría citar mil ejemplos de su universalidad. Para los lectores de la Biblia no necesito mencionar su continua recurrencia en relación con todos sus acontecimientos más importantes. El número doce se encuentra igualmente en todos los ritos religiosos; los egipcios tenían doce dioses zodiacales; los escandinavos tenían doce sacerdotes y Jesús tenía doce discípulos.

Es una circunstancia notable que muchas de las instituciones y ceremonias de los budistas y de la Iglesia Católica Romana se parezcan tan estrechamente que las dos parecen casi idénticas; ahora bien, como la secta de Buda es ochocientos o novecientos años más antigua que esta última iglesia, ¿cómo podemos explicar esta misteriosa coincidencia? La mayor parte de los budistas creen que su profeta nació de una virgen y los parsis afirman que Zoroastro nació en estado de inocencia, sin pecado, que habló nada más venir al mundo y que fue custodiado por ángeles en la cuna. En los templos de Fo, o Buda, en China, hay siempre colocada sobre el altar una imagen de Shin-mo, la santa madre, con un niño en brazos; la cabeza de la mujer está rodeada por un rayo de gloria y se mantienen continuamente encendidas lámparas ante ella. Decir que todas estas maravillosas coincidencias son fruto de la casualidad es un insulto al entendimiento humano.

Podría señalar muchas otras asombrosas semejanzas entre las religiones, por ejemplo el uso del agua consagrada, del fuego en sus ceremonias, desde el tiempo en que Caín y Abel ofrecieron sacrificios al Señor, hasta los cirios de cera y los incensarios oscilantes de la iglesia católica; pero su propia atención al ser despertada hará innecesaria esa molestia.

Ilustre Hermano, que todas las bendiciones combinadas de las religiones que hemos estado discutiendo, sean derramadas sobre tu cabeza y sean tuyas ahora y para siempre. Recuerda esto, nunca condenes sin escuchar. Examina, reflexiona y tolera.

LOS MISTERIOS EGIPCIOS

EL ORIGEN PRECISO de la masonería, como el de todas las grandes instituciones destinadas a ejercer una poderosa influencia sobre el futuro de la humanidad, se pierde en la noche de los tiempos.

En medio de un pueblo inculto, el Sublime Arquitecto del Universo dio a luz a un gran genio; este hombre, el honor de cuyo lugar de nacimiento se han disputado todas las naciones de la antigüedad y que ha sido nombrado por turnos, Manú, Amón, Odín, Prometeo, reunió a las familias dispersas, las instruyó y las civilizó; a su voz surgieron del Caos las artes primitivas y la tierra, débilmente cultivada, respondió a los esfuerzos de los primeros cultivadores; segundo creador del mundo, les anunció un Dios Supremo, inmutable y eterno; les habló en su nombre y esparció sobre ellos los benéficos rayos de luz que el Sublime Arquitecto del Universo le dio. Este legislador del mundo, nacido tal vez en las deliciosas orillas del Ganges o del Indo, antes de que se le cerraran los ojos, vivió para contemplar el imponente edificio que había construido.

Los descendientes de este Sabio siguieron el curso que él les había trazado; conservadores de todas las artes y ciencias, sólo admitieron a participar de tales conocimientos a los hombres privilegiados que se hicieron dignos por sus virtudes y grandes cualidades. Del seno de esta Corporación de Sabios brotó la luz que iluminó el universo. No contentos con hacer la felicidad de su propio país solamente, estos grandes y sabios hombres asumieron la gloria de civilizar el resto del mundo; desde las llanuras de Persia, pasaron a Etiopía y descendieron sus montañas hasta el delta del nutrido río de Egipto e instruyeron al pueblo mediante la institución de los misterios.

Menes fue el primer rey y floreciente hace unos 5000 años, unió el Alto y el Bajo Egipto y ordenó todas las leyes de la religión y de la ciencia masónica, haciendo de ello un todo armonioso y confió el depósito a los más altos dignatarios de la casta sacerdotal. Con el fin de ocultar al vulgo el conocimiento de los dogmas sagrados, los envolvieron en alegorías y para desconcertar mejor la curiosidad de los profanos adoptaron los jeroglíficos. Así confinados en la profundidad de sus santuarios, los misterios sólo eran revelados a un reducido número de iniciados, que previamente se sometían a una serie de pruebas y se comprometían mediante un solemne juramento a guardar un secreto inviolable.

Cada ciudad de Egipto adoptó su símbolo particular. La elocuente Menfis, la parlanchina urraca; La abeja, que elevaba sus pensamientos al cielo, decoró su estandarte con el águila y el ojo de fuego; Canopus eligió el vaso de incienso, para simbolizar su homenaje a la divinidad. Los sabios que velaban por Egipto, se preparaban en Heliópolis para los solemnes misterios de Menfis y Tebas, donde custodiaban el fuego divino. Menes terminó en Menfis su larga y gloriosa carrera y su pueblo, tras su muerte, le tributó honores divinos. Tebas contaba con cuatro magníficos templos, uno de los cuales, según Diodoro de Sicilia, que visitó las ruinas, medía mil codos y medio de circunferencia y cuarenta de altura. Tebas fue llamada la ciudad de las cien puertas y de los cien templos.

El sucesor de Menes fue el sabio Patrusim, que empleó todo un ejército para poner los cimientos de uno de esos gigantescos monumentos cercanos a Egipto, que bordean el desierto. Ya hermoso y floreciente, Egipto se hizo aún más grande y poderoso bajo Osymandias. Este Patriarca de la Orden construyó cerca del Nilo, el templo más espléndido conocido hasta nuestros días; había acumulado allí todas las riquezas del mundo conocido. Para honrar dignamente a su predecesor, encerró su tumba en un círculo de oro, ornamentado con siete piedras preciosas de diferentes colores, mientras que alrededor se extendía una vasta galería circular, donde el curso del sol se trazaba día a día desde el comienzo hasta el final del año. El fuego sagrado de la masonería ardió durante mil años sin que nadie intentara apagarlo. Esta sublime institución contaba en el número de sus Adeptos con Hermes, Orfeo, Homero, Pitágoras, Tales, Hipócrates, Platón, Zaleuco, Licurgo y una multitud de otros filósofos de Grecia, esa hija del Egipto intelectual.

Mientras que en las orillas del Nilo los augustos depositarios de las tradiciones las velaban a los ojos de sus contemporáneos y sólo las revelaban a un pequeño número de aquellos a quienes consideraban dignos de iniciación, otros Adeptos, en el interior de África, reagrupaban a las tribus incultas, pulían sus costumbres, propagaban la ciencia y, en suma, fundaban nuestros sagrados misterios en medio de las ardientes arenas de Nubia. Meroe, por su parte, instruyó a los gimnosofistas. Zoroastro fundó las escuelas de los Magos en Persia y Media.

Entre todos los legisladores del mundo, reconocemos las ideas más sublimes de Dios; en Brahma, Fohi, Zoroastro, Menes, Hermes, Minas, Moisés, Cecrops, Orfeo, Zaleuco, Carinondas, Licurgo, Solón, Numa, Pitágoras, Sócrates, Platón,

Manco Cápac, el hijo del sol, que fue padre de los incas y legislador de los peruanos.

Estos benefactores de la raza humana consideraron imposible presentar la verdadera luz a mentes rudas e incultas. Velaron bajo emblemas que la multitud interpretaba literalmente, la verdad que tenía sus devotos en los Templos de Saïs, Heliópolis, Tebas y Menfis. De este modo, como sucedía en China, Grecia, la antigua Roma, así como entre los ilustrados del mundo moderno, había dos religiones en Egipto: la de la multitud, que se dirigía más bien a los objetos del mundo exterior, y la de los ilustrados, que hacían caso omiso de tales objetos, o sólo los consideraban importantes en un sentido alegórico de significado sublime, que abarcaba grandes verdades morales o grandes rasgos de la naturaleza.

Nuestra sublime institución se extendió desde las llanuras de Menfis hasta el palacio del sabio David, cuyo hijo Salomón se casó con una princesa egipcia. Desde el día en que Salomón construyó su templo a la gloria del Sublime Arquitecto del Universo, la ciencia masónica extendió sus benéficos rayos desde el Nilo hasta el Jordán; los pueblos se unieron alegremente en la más cordial fraternidad; el fuego sagrado ardió en Caldea; su antorcha pacífica iluminó toda Judea; en suma, la paz reinó en todo Oriente, hasta que el infame Cambises llevó fuego y espada a Egipto e hizo de él un teatro de muerte y desolación. Con este espantoso derrocamiento la civilización fue detenida de un golpe y nuestra sublime institución durmió a su vez.

La masonería de la antigüedad estaba comprendida en tres grados; pero en la condición actual de la sociedad, es imposible que las Logias puedan ahora constituirse de tal manera que transmitan a los iniciados todas las doctrinas de la ciencia sagrada dentro de esos límites. Existe todavía una gran semejanza entre estos magníficos ceremoniales antiguos y la masonería artesanal moderna, en las leyes, el ritual, el uso del nombre sagrado del Sublime Arquitecto del Universo que era dado como talismán y contraseña al iniciado, para fortalecer su naturaleza espiritual en el ascenso a los Salones de Osiris. Por otra parte, la iglesia cristiana adoptó muchos de los símbolos exotéricos de los egipcios. Isis, la Reina del Cielo, la, madre de todas las cosas, la madre, la nodriza del alma humana divina, u Osiris, es representada en cuadros como una madre acariciando a su hijo Horus, de lo que se apropiaron las iglesias de la Cristiandad y los antiguos fabricantes de cuadros e imágenes en honor de Isis, simplemente los rebautizaron y dedicaron sus talentos a construir los mismos objetos en honor de María, la madre de Jesús, que fue consagrada en la fe espiritual de Egipto, Pontífice de la religión universal. Otro símbolo común es el «Sagrado Corazón»: se decía que el espíritu de Osiris se encarnaba o renacía en la persona de su hijo Horus, quien, colocado en brazos de su madre Isis, era representado con un corazón llameante en la mano. En la India, se representa al dios mediador con un corazón en el pecho y la marca de la herida en el pie por la que murió y por la que antiguamente se lamentaba.

Durante todo el período de la Edad Media, que abarca varios siglos, nuestra sublime institución dio pocas señales de vida, pero revivió después de las Cruzadas, que tuvieron un efecto tan marcado sobre el desarrollo de la luz y el bienestar social; los rudos guerreros de Europa fueron pulidos por el contacto con los sarracenos y llevaron a sus Donjones algunas reliquias de las antiguas artes y las dulces costumbres de los hermosos climas de Asia.

Admitidos, como somos, como miembros de esta sublime institución, dediquémonos sin cesar al logro de la más alta perfección posible, al estudio de la ciencia, al desarrollo del conocimiento y de las ideas generosas, al cumplimiento de nuestros deberes sociales y, por último, a la práctica de todas las virtudes. Que nuestra Orden continúe fortaleciéndose y expandiéndose, hasta que su luz rodee todo el universo.

LA LEYENDA OSIRÍACA

LA LEYENDA HISTÓRICA en la que se basa este grado es probablemente la más antigua de los registros de épocas pasadas. La promulgación ceremonial de «Sus sufrimientos» como la denomina Heródoto, el padre de la Historia, demasiado sagrada para ser mencionada sin un velo, era el grado más elevado al que podía llegar el laicado egipcio; los misterios más elevados de todos eran patrimonio exclusivo de la casta sacerdotal.

La fábula egipcia dice que Osiris, rey de Egipto, era el «hijo del Sol», que nació en la tierra, murió y se convirtió en el juez que preside a los muertos, en la Sala de las Dos Verdades. Se encarnó para beneficiar a la humanidad, gobernarla, enseñarle la civilización y las artes útiles. Fue destruido o asesinado por su hermano Tifón, el Príncipe del Mal encarnado; descendió a Amenthes o Hades, una especie de purgatorio preparatorio y aunque su cuerpo fue enterrado en la tierra, resucitó y con la ayuda de su hijo Horus, venció a Tifón. Este tipo o símbolo de regeneración, es igualmente sugestivo con lo que ya se os ha revelado. Por algunas naciones Osiris fue llamado Baco, Dionysos, Adonis, Baal, Moloch. En la antigüedad, también en Jerusalén, «he aquí que había mujeres sentadas llorando a

Tammuz», y todas estas personas asesinadas son una y la misma y están tipificadas por el Sol.

Durante tu progreso en este grado, debes haber percibido la fuerte semejanza ceremonial que tiene con el ritual de Hiram. Era aún más marcado en el antiguo ceremonial dramático de los Antiguos Maestros Masones y cuando su héroe fue asesinado por tres artesanos, cuyos nombres son una corrupción de Jabal, Jubal y Tubal, los inventores de las tiendas, la música y los metales, los hermanos buscaron a su maestro perdido, formando una procesión alrededor de la sala gritando, «nuestro maestro se ha perdido, y no puede ser encontrado y no puede ser encontrado, etc.». Los puntos sobresalientes del grado de Maestro masón pueden remontarse astronómicamente a un período definido de tiempo como leyenda representativa, cuando originó el símbolo querúbico o esfinge. Los masones alemanes dan un sentido a la leyenda que es indudablemente astronómico. En la puerta oriental colocan a *Hobbhen,* el primer asesino, por ser el lado donde el sol emerge primero por encima del horizonte; a *Sterke lo* sitúan en la puerta sur, donde el sol es más fuerte; por último, *Austerflush* toma posición en la puerta oeste, donde el sol termina su marcha aparente, el final de su recorrido. Al igual que la de Menfis, la tumba del Maestro masón simboliza la vida, la muerte y la inmortalidad, es el emblema del curso aparente del sol. Leyenda puramente alegórica, es en realidad la expresión de la gran y profunda ley de regeneración, que exige la muerte violenta del iniciado como fin necesario de toda iniciación.

Exotéricamente considerados, los secretos del Maestro pueden dividirse en cinco partes. 1. La exposición de la religión natural, universal e inmutable por medio de símbolos y máximas: el secreto del funcionamiento de la naturaleza explicado por el *cuaternario* y la *mónada*, figurando éstos el movimiento o causa, la fermentación o medio, la putrefacción como efecto y la vida y la muerte como resultado. 2. Uniéndolos como materia y sujeto, figuramos los cinco elementos de la generación, cuyas operaciones se expresan simbólicamente por la cámara intermedia; la cual, en ese sentido, es la matriz donde se cumple el misterio de la reproducción. 3. La perfección del templo, es decir, el corazón humano. 4. La victoria de las tinieblas y del invierno sobre el sol y la del sol sobre las tinieblas, figurada por la muerte y la resurrección de Hiram, (el hijo); ministro del monarca sapientísimo (Dios); conservador del Templo (la tierra); maestro de obras (la humanidad); asesinado por tres compañeros malvados (3 meses de invierno); resucitado y vengado por nueve maestros virtuosos (primavera, verano y otoño, meses que dan flores, cosechas y frutos); hijo de la viuda, (la tierra que es viuda del sol durante los meses de invierno). 5. La victoria de los errores y pasiones sobre la verdad y la de la verdad sobre los errores y pasiones, figurada por la muerte y resurrección de Hiram. La palabra del Maestro simboliza la regeneración y significa literalmente «nacido de la putrefacción» y da una idea de las condiciones necesarias para el desarrollo de otros seres y de los principios de una nueva existencia. Entre los egipcios, el Sol en su curso era el símbolo general de Dios, el sol espiritual y también del nacimiento, vida, muerte y resurrección del alma del hombre; y la victoria de la luz sobre las tinieblas, que el Sol lograba diariamente, se hacía simbólica de esa contienda contra el mal, en la que era necesario que se comprometiera el fiel soldado del Heseri divino.

En medio de todas estas semejanzas puede observarse que como la leyenda de Osiris tiene más de 5000 años de antigüedad y como los Misterios de Isis en los que el Neófito tenía que pasar por la misma prueba que tú has pasado esta noche, se celebraban por toda la tierra de Egipto, muchas edades antes de que Moisés condujera a los hijos de Israel al desierto, tu propio juicio puede decidir fácilmente cuál es la fábula original. Digo fábula, porque aunque para la mayoría del pueblo, Osiris era un rey real, es muy cierto que para el sacerdocio la leyenda no era más que una hermosa alegoría, que enseñaba muchas verdades astronómicas y físicas y tenía un profundo significado. La historia tal como la cuentan los egipcios se mantiene fielmente en este punto, con una excepción, ya que fue la propia Isis quien descubrió el cuerpo tras un largo y fatigoso peregrinaje e innumerables aventuras. Se afirmaba que una parte de su cuerpo desmembrado se depositaba en cada uno de los 26 nomos o provincias egipcias, formando un cuerpo completo, a excepción de las partes generativas, que nunca se recuperaron y pueden simbolizar la castidad. En algunas leyendas, se decía que el cuerpo estaba dividido en 14 partes, que representaban los días que van de la luna nueva a la llena y de ésta a la menguante. A veces se sustituye el tamarindo por el loto. Es una planta consagrada a Isis. Diariamente, con el nacimiento del sol, sale de las aguas donde ha dormido durante la noche, siguiendo el glorioso ojo del día, con su cuello de cisne en su ronda circular; para hundirse de nuevo, para descansar su bautismo nocturno, del que renace cada mañana a una nueva vida.

En el aspecto material, Osiris e Isis eran las dos personificaciones divinizadas de la naturaleza en Egipto. Osiris simbolizaba el Sol y el Nilo e Isis la Luna y Egipto y ambos el año solar. Según otro punto de vista, Osiris era el Sol poniente en Amenthes y los reinos de la oscuridad; Ra o Serapis y Horus el

Sol recién nacido. El año egipcio tiene un doble tiempo de siembra y cosecha. El primero es la estación vernal del año y se extiende desde febrero, cuando se siembra la semilla, hasta julio, cuando alcanza la madurez. La segunda es la división otoñal, en la que un intervalo de tiempo, desde finales de septiembre hasta finales de noviembre, marca la estación de la seminación, a la que sucede en marzo la cosecha dorada. Así, Osiris muere y revive dos veces al año e Isis, o la tierra, está condenada a lamentar su muerte o a alegrarse de su regreso. Su primera muerte se produce en primavera, de marzo a julio, que es la estación del calor intenso y de los vientos abrasadores de los desiertos libios, que son el tipo de Tifón. Isis, la tierra reseca de Egipto, llora la pérdida del nilótico Osiris en su muerte vernal. Este estado de miseria dura setenta y dos días, cuando el dios del Nilo despierta de su letargo de muerte para fecundar la tierra. Poco después de que el sol haya entrado en el signo de Escorpio, se acerca la muerte otoñal de Osiris, que vacila en su poder y muere alegóricamente. Tifón triunfa por un tiempo, pero pronto Osiris es encontrado; el sol gana fuerza, ascendiendo en su órbita; el grano aparece sobre la superficie del suelo, por todas partes hay nueva vida y la naturaleza nace de nuevo. Se lamenta por uno, se alegra por el otro. Pero éste es sólo el aspecto físico, detrás de él está el significado real y espiritual. De hecho, la mayoría de los símbolos egipcios tenían un significado triplemente variado, cuya explicación completa sólo poseía la clase superior de sacerdotes. En su acepción más elevada, es el dios-hombre primitivo, el padre celestial de Egipto, ante el cual aparecen las sombras de los muertos y reciben su sentencia final de bienaventuranza o tormento. En este aspecto se le llama Serapis y se le distingue con el gran nombre.

Su culto era el de *Chrestos*, On Nophre, el Dios bueno y excelente. El significado espiritual más elevado se encuentra en los libros sagrados egipcios. Afirman expresamente que la relación física es sólo simbólica, pues dicen: «Como el sol murió y resucitó ayer, así el alma muere y resucita». Al morir, el alma perfeccionada se convierte en un Osiris, o encarnación de la deidad; su padre es Ptah, su madre es Neith, nombres más antiguos sólo para Osiris e Isis; es, oye, ve, siente; es acogida por el padre de las almas de corazón manso, recibida y coronada; a él vuelven todas las almas después de la muerte segunda o del cuerpo, que es el Huevo de Seb, la prisión del sueño del alma.

HISTORIA DEL RITO DE MEMPHIS

PREGUNTAD a la mayoría de los hombres que han visto la luz masónica una descripción de esa sublime institución y pensando que todo se limita a los símbolos exteriores que golpean los ojos, os dirán que la ciencia tal como se encuentra en su Santuario no es más que una palabra vana y que no han encontrado nada capaz de despertar la atención de los hombres ilustrados. De esta causa han surgido muchos sistemas ingeniosos, a menudo erróneos si no censurables, convirtiendo las logias en una arena masónica para la ociosa curiosidad de una multitud de mentes superficiales; que deseaban escribir sus pensamientos sobre ella, como si fuera un libro en blanco. Podemos, con pena, comparar su conducta con el injerto de una fruta heterogénea sobre un árbol valioso, o, con la de aquellos monjes de la edad media que no dudaron o borraron preciosas obras maestras de la antigüedad, que no entendían, para poder poner sobre el mismo pergamino sus propios escritos insípidos. Es muy de lamentar, que la mayoría de los masones se contenten con una apariencia misteriosa y se contenten con oír pronunciar ciertas palabras, cuyo sentido ignoran y con imitar inexactamente ciertos signos. Pero cuando el observador filosófico, recorre los siglos pasados y se remonta a la causa primera y al fin real de nuestra Sublime Institución; cuando la lámpara del estudio ha dirigido sus pasos en el oscuro laberinto de los antiguos Misterios y algún éxito ha coronado bis búsqueda, ávido de más instrucción llamará a la puerta de nuestro templo y buscará nuevos conocimientos donde encuentra el arca venerada de la tradición Sublime masonería, es una continuación de los misterios de la antigüedad. Encontramos en Asia, entre la raza aria, la antigua institución de los brahmanes y de la misma cuna nacional primitiva el conocimiento de la verdad sublime pasó a África, a Egipto, donde, en un período remoto, se establecieron los Misterios de Isis que tienen una afinidad tan sorprendente con los de nuestra sublime institución. Para llegar, pues, a la cuna de la masonería, debemos recorrer los siglos hasta las primeras edades del mundo. Después de la edad de oro, la fuerza bruta reinaba suprema y aquellos que eran sabios unieron su debilidad común y concentraron en su seno una escuela de ciencia y virtud adquirida, algunas de cuyas migajas esparcieron para el pueblo en símbolos y emblemas. Los antiguos Sabios eran conocidos como Gimnosofistas y buscaban la unión con la Deidad. Sus principios están registrados en los sagrados Vedas de la India, en el Zend-Avesta de Persia y en el Libro de los Muertos de Egipto. Ahora sólo existen como una tribu débil y dispersa conocida como *chamanes*. Fueron conquistados por los hijos salvajes de Vishnu, que consideraron que venían a civilizar el mundo. Dos legisladores de nombre Zoroastro difundieron las doctrinas arias en Persia. El primero fue contemporáneo de Verengham, el padre de Djemshid el Justo; y sentó las bases de la religión de los Magos, que se extendió por todas partes y fue observada religiosamente hasta el nacimiento del segundo Zoroastro, procedente de Egipto y a quien algunos tratan de identificar con Abraham. Los Magos conquistaron Babilonia hace 4000 años. Pasaron a Meroe en Etiopía, entonces un país poderoso e ilustrado, ahora destruido y, descendiendo las montañas, civilizaron Egipto, en un período muy remoto, fundando los Misterios de Isis. De allí pasaron a Samotracia bajo el nombre de Cabiri; Danaus, Cadmus, Triptolemus, según Diodoro de Sicilia, fueron los propagadores, mientras que Abaris los llevó a los Hiperbóreos. Lo que se conoce como masonería artesanal era una división arquitectónica de esta gran institución.

Theut o Thoth, llamado por los fenicios Taaut y por los griegos Hermes, es considerado el autor del saber egipcio y el Dios revelador. Según Diodoro, era el principal ministro de Osiris e inventó las letras, instituyó ritos religiosos, enseñó astronomía, música y los primeros rudimentos de la ciencia e hizo que sus enseñanzas se grabaran en tablas o columnas de piedra, que dispersó por todo el país para instrucción del pueblo. Uno de los principales usos a los que se aplicaban estas inscripciones simbólicas era enseñar las doctrinas de una religión espiritual y máximas de sabiduría política y moral.

La antigua Memphis,
antes de que se conociera la hoja preparada,
grabó sus preceptos y sus artes en piedra,
mientras que los animales, colocados en varios órdenes,
adornaban la columna jeroglífica erudita.

Los griegos del Norte, recibieron su doctrina secreta de Cadmo, quien fundó en Tebas un Cadmio o escuela de ciencia religiosa y Erecteo, el primer rey de Atenas, estableció los misterios de Eleusis en esa Ciudad, donde los de Ceres, pues no debemos, confundir los dos, ya existían. Estos misterios, como los de Eumolpo de los Cabiri, nunca pudieron alcanzar la gran importancia de los egipcios, que sólo fueron revelados parcialmente a Triptólemo, quien, a causa de su debilidad, no pudo soportar las segundas pruebas, pero los Sacerdotes de Isis fueron más generosos con Orfeo, ya que sintieron la necesidad de enviar un legislador a la todavía bárbara Grecia. Después de regular los Misterios de Eleusis, Orfeo instruyó a Melampo, que los estableció entre sus vecinos de Argólida; a Trofonio en Beocia y al célebre Musæus en Atenas. Dardanus llevó los misterios a Frigia; Apolo y Neptuno, seres alegóricos como el Mercurio egipcio, los introdujeron en la Tróada; lo que nos es emblemáticamente significado en la construcción de la Ciudad de Troya, en la que fueron empleados bajo el disfraz de masones.

La iniciación se extendió a Ganl, donde se fundaron colegios de druidas, palabra que en celta significa «hablar con Dios». Los druidas se dividían en tres clases: los vates, guardianes de los secretos; los bardos, cantores de himnos, y los saronides o sanoteos, sacerdotes inferiores. La teocracia de los Druidas conservaba rastros intachables del antiguo Oriente y estos Sacrificadores siempre se esforzaron por mantener las ciencias secretas, toda su instrucción era oral. Estos Misterios dejaron de existir en Francia con la ruina de Alesia, gran ciudad de la Galia celta, capital de los mandubios en el Lyonnaise, la Tebas celta, antigua metrópoli del culto druídico, famosa por su colegio sagrado, su civilización, sus escuelas de filosofía, gramática, jurisprudencia, medicina, astrología, ciencias ocultas, arquitectura, rival gala de Tebas, Menfis, Atenas y Roma. César, con verdadera barbarie romana, saqueó los templos y colegios de iniciación y masacró a los iniciados, después de lo cual Gran Bretaña se convirtió en su hogar reconocido y la última vez que se supo de ellos fue como Culdees, una secta de cristianos en York y otros lugares.

El culto de Vesta es el mismo que el de Isis y los latinos pueden haber obtenido su conocimiento, ya sea de los refugiados troyanos o de los etruscos, ya que la institución existía en Herculano. Los israelitas fueron hechos partícipes de la luz, obtenida por Moisés; como Sacerdote egipcio iniciado relacionado con Heliópolis, o posiblemente como descendiente de los Patriarcas, puede haber estado familiarizado con la doctrina sagrada. En un período posterior, Salomón, que fue iniciado en los misterios de Eleusis, en su calidad de hijo de rey y casado con una princesa egipcia, restauró las iniciaciones entre los israelitas y merece ser llamado fundador, como también Tales entre los griegos. Fueron resucitados de nuevo por Judas, el profeta de Jerusalén, 55 años antes de la era común, tras lo cual volvieron a caer en desuso.

La doctrina secreta de los egipcios se dividía en tres partes: 1. *Dualismo,* o la creencia en dos principios; 2. *Sabaotismo;* o Sabeísmo, es decir la adoración de las fuerzas de la naturaleza, sometidas a un poder supremo; 3. *Jahohismo,* o la adoración de un Dios independiente del mundo material. El Patriarca Abraham pertenecía a la segunda clase, pero Moisés llegando al grado más alto anunció a los israelitas Jahoh, El, Elion: Jehová, Dios. Todas las naciones, con pocas o ninguna excepción, tenían sus misterios concentrados en unos pocos hombres, ligados por un terrible juramento religiosamente guardado, que los separaba de la multitud, de ahí que la revelación completa sólo fuera conocida por el cuerpo sacerdotal; puede ser, sin embargo, que algunos de ellos hubieran sido indiscretos, que la inteligencia humana hubiera hecho progresos, que el cautiverio de los israelitas tendiera, a desvelar los misterios. Fuera de los Iniciados hubo hombres que merecieron el nombre de Sabios y estudiaron la moral y la asimilación del hombre con la divinidad; de ellos Sócrates es el más célebre, pues por la fuerza de este espíritu adquirió la doctrina sagrada.

Pitágoras popularizó la iniciación y puso su enseñanza al alcance de todos los que tenían el deseo de aprender. Ese hombre fue uno de los más grandes mortales y la filosofía le debe su nombre. Enriquecido con todos los dones intelectuales y naturales, viajó a todas las partes del mundo entonces conocido para cultivar la ciencia; interrogó a todos los Sabios, escuchó todas las tradiciones, se sometió a todas las pruebas, para llegar al conocimiento de los Misterios. Por todas partes la civilización siguió sus trabajos en la difusión de la luz y su nombre será honrado de edad en edad.

El cristianismo era la exaltación de los misterios morales y, como ellos, tenía una doble doctrina y diversos grados de iniciación. Incluso quienes niegan el nacimiento sobrenatural de Jesús le conceden, como hombre, un merecido tributo de admiración y gratitud. Lo que Moisés hizo por los hebreos, Jesús lo hizo por todos los pueblos; les dio la palabra de vida, emancipó al esclavo, elevó la dignidad de la mujer, proclamó la igualdad; y de él debemos datar la emancipación del género humano. Los primeros cristianos tenían lo que se llamó la *Disciplina Arcana*; el *Discípulo,* el *Creyente,* el *Hermano Perfecto,* este último era el misterio del sacramento y la iglesia estaba gobernada por las tres clases de Obispos, Sacerdotes y Diáconos. Tenían también medios secretos de reconocimiento. Existen otras semejanzas de carácter sorprendente, que se han desarrollado en nuestras ceremonias. Los misterios cristianos llegaron al trono con Constantino y Valentiniano abolió los Misterios en el año 396 de la era común, pero aún continuaron celebrándose bajo diversos disfraces.

Los misterios romanos habían degenerado; Egipto estaba igualmente perturbado bajo los sucesores de Alejandro y se conocían ritos degenerados bajo la denominación de alejandrinos, que sucedieron a los de Menfis. Roma frunció el ceño contra los de Antínoo. Arminio, educado en Roma por Augusto, fue iniciado en los misterios de Eleusis y fundó con 49 de sus compañeros en Alemania, los Misterios de Hertha, una deidad como Isis, Ceres, Vesta, Cibeles.

Tras la supresión general, los Iniciados se vieron obligados a ocultarse en los desiertos o a expatriarse entre los bárbaros; sintieron más que nunca la necesidad del secreto y de los diversos grados de iniciación; había pocos documentos escritos y la mayoría de los miembros ignoraban las tradiciones orales y el velo jeroglífico que las cubría.

Luego vino el profeta árabe Mahoma, que se inspiró en los ritos entonces predominantes. Tras sus primeras conquistas, los sarracenos se volvieron más refinados en sus costumbres y protegieron, o al menos toleraron, nuestros misterios. Permitieron que los Patriarcas ocultaran los archivos y las doctrinas escritas de nuestra orden en las orillas del Nilo, y ahora se están convirtiendo gradualmente en propiedad pública. Esta concesión fue tanto más meritoria por su parte cuanto que el espíritu masónico era esencialmente progresista y opuesto al fatalismo de los musulmanes.

A los cruzados debemos el resurgimiento de la masonería Sublime y su introducción en Europa. A pesar de la desgracia, Oriente siguió siendo durante mucho tiempo la tierra de la religión y de la gloria, para los campeones de la cruz. Sus ojos se volvieron siempre hacia aquel glorioso sol de Palestina, las palmeras de Idumea y las llanuras de Ramá, donde los infieles reposaban bajo la sombra del olivo; hacia aquel campo de Ascalón que aún muestra los vestigios de Godofredo de Bouillon, Tancredo, Felipe Augusto y Ricardo del Corazón de León; hacia esa ciudad santa, liberada por un tiempo y luego sometida y encadenada, que se les aparece como a Jeremías, sentada solitaria y ahogada en sus lágrimas, despojada de su pueblo y de su templo. Cinco veces, durante dos siglos, los guerreros de Occidente dirigieron su marcha contra el poder musulmán, y aquella gigantesca contienda que causó el derramamiento de mares de sangre, fue fecunda en las más preciosas consecuencias para la humanidad. Los valientes supervivientes trajeron con sus estandartes, la luz de la masonería desde las orillas de ese famoso río donde una vez pisaron Osiris, Hermes, Orfeo, el gran Menes y el magnífico Sesostris; desde el lugar sagrado, el centro puro, bajo la bóveda estrellada, desde los umbrales o esos poderosos templos, habían obtenido una tenue visión de los misterios de la luz y la verdad.

Las ciudades de Menfis, Tebas y Heliópolis fueron las primeras depositarias de la alta ciencia masónica, del Rito Primitivo y antiquísimo, que ha descendido hasta nosotros inalterado en su carácter y fortificado por una autenticidad incuestionable. Es el verdadero árbol masónico, del que hay muchas ramas, pero todas unidas en sus doctrinas y en los tres primeros grados, sólo difieren entre sí en el punto de detalle.

Entre los numerosos ritos, podemos resumir estos:

- El Rito Indio, o misterios de Botulo, que posee tres grados de ciencia, es un curso teórico y práctico de filosofía moral y de las religiones, encaminado al desarrollo del estado de trance extático y de adeptado.

- El Rito Caldeo, que tiene tres grados de construcción y tres complicados. Se originó en la India y se denominó en Egipto Misterios de Isis.

- El Rito de Memphis, continuación de los dogmas de la antigüedad, ampliado a 90 grados de trabajo y 6 de oficio y abarcando todos los conocimientos masónicos, pero reducido, en el año 1866 por el Gran Oriente de Francia, a los 33 grados de nuestro Rito Antiguo y Primitivo, en tres series y siete clases como principalmente y desarrollando la masonería Simbólica, Hermética y Egipcia.

- El Rito Japonés, que guarda considerable relación con los de Asia Occidental y posee tres grados. El sol es considerado un héroe planetario, con combates que sostener y monstruos que vencer, simbolizando las pasiones. Estas se representan alegóricamente en el compás de los templos y forman 12 representaciones a semejanza de los 12 episodios del viaje de Jesús al Calvario. El Gran Maestro, vestido con una túnica color fuego, hace pasar al Neófito a través de una esfera artificial, compuesta de círculos móviles y le da la instrucción necesaria para su iniciación en los misterios del Tien-tee-ohe, o Unión del Cielo y la Tierra. El Gran Maestre es elegido de por vida por sufragio universal y celebra una asamblea general cada siete años; cuenta con numerosos cuerpos afiliados en las provincias occidentales y meridionales de China, en las que el uso de nuestros símbolos masónicos es de la mayor antigüedad.

- El Rito del Vientre Paaro, que posee dos grados. Existe entre los negros de Guinea y enseña moralidad, igualdad y amor fraternal; siempre está presidido por un anciano. El aspirante es sometido a las mayores austeridades y llegado el período de iniciación, es admitido en una gran cabaña construida para la ceremonia, donde le revelan los misterios menores; cinco meses después recibe el complemento de iniciación y desde entonces goza del mayor respeto y consideración.

- El Rito del Congo o misterios de la Inqueta, posee tres grados. Ofrece gran semejanza con los del antiguo Egipto; admite a todos los hombres de color de esa región. En medio de un vasto bosque se levanta un templo notable por su simplicidad; todas las avenidas están vigiladas con cuidado por los iniciados y cualquier profano que se entrometiera en él sería condenado a muerte sin piedad. Para ser iniciado en esta Orden masónica, es necesario que el candidato muera al vicio para renacer a la virtud. El candidato es envuelto en un paño de cabellos y conducido al patio exterior del templo en medio de cantos fúnebres; a su llegada, es extendido sobre una mesa y frotado con el aceite de la palmera, consagrado por los egipcios al sol. Tras quince días sometido a las más duras pruebas, le revelan con gran ceremonia los misterios de la Inqueta y la morada resuena con alegres cánticos. Según la creencia popular, el iniciado adquiere un alma celeste y goza de la mayor veneración.

- El Rito Druso consta de tres grados y es de gran antigüedad en el Líbano, ya que se asimila a los misterios de la antigüedad. El neófito debe someterse a una larga preparación absteniéndose de todo placer sensual. Ayuna durante todo el día ceremonial y durante la recepción es tentado de todas las maneras posibles para gratificar sus apetitos y sus sentidos. Sólo cuando ha resistido la última y más grande prueba, es recibido: por la disciplina que imponen, los iniciados en la sala de los espíritus, se encuentran cara a cara con los muertos sin sombra. Son, sin duda, anteriores a la época de las Cruzadas, y actualmente están afiliadas a otras asociaciones orientales similares.

- El Rito Turco, del Imperio Celeste, fue fundado por Alí, que fue castigado con la muerte. Se autodenominan Bektash y eran la rama clerical de los jenízaros, una casta militar juramentada. Sostienen que la orden encierra un conjunto de conocimientos, que se adquieren místicamente mediante un proceso de asimilación gradual al Ser Supremo, por un corazón puro e independiente, que sólo busca la verdad y la justicia; sus diversos grados se conocen como otras tantas virtudes. Tienen ceremonias, signos y apretones similares a los nuestros y llevan un pequeño cubo de mármol, manchado con la sangre de Alí y un pequeño chal marrón ornamentado con diversas figuras alegóricas. Existió en Belgrado un *Alikosh,* cuyo Gran Maestro está en comunión con el mismo rito en Persia y Arabia. La ciencia oculta calificada por los antiguos sacerdotes como el *fuego regenerador* se denomina hoy magnetismo animal, cuyo pleno conocimiento fue durante 40 siglos apanage de los Antiguos Hierofantes y se practica en la actualidad en Egipto, África y la India.

- El Antiguo Rito Inglés, o Rito de York, deriva de una cofradía de arquitectos; a sus tres primeros grados se añadieron otros cuatro del sistema templario. En el siglo XVII existía una asociación hermética en Londres y su lenguaje místico se aplicó a los grados superiores de la masonería en 1721, en un discurso dedicado a la Gran Logia.

- El Rito Swedenborgiano, o Illuminati de Estocolmo, consta de tres grados, además de los tres grados de la masonería

Simbólica. Pertenece a la escuela teosófica de los creyentes que esperan elevarse al mundo espiritual por el éxtasis. El último grado del Rito es una explicación desarrollada de la afinidad del hombre con la divinidad por mediación de seres Celestiales.

- La Estricta Observancia fue un rito creado en 1743 por el Barón de Hunde. Esta masonería del Régimen Rectificado tiene cinco grados. Es un rito templario, con la Rosacruz y el Kadosh como ceremonias principales; es una rama del rito del Caballero Ramsay, que lo propagó hacia el año 1728.

- El Rito de Kilwinning, fue fundado sobre los dos grados de Heredom-Rosy Cross, que reivindicaban cierta antigüedad en Londres en 1743; pero es el nombre que se da generalmente a los 25 grados del Imperio de Oriente y Occidente, recogidos en 1758 sobre el Rito del Caballero Ramsay, que constaba de siete grados.

- El Rito Sueco, es un sistema templario de nueve grados y fue popular el siglo pasado; afirma haber existido en Suecia desde el siglo XII.

- El Rito de los Tres Globos, o del Supremo Interior, tiene diez grados; sus grados simbólicos fueron erigidos en Gran Logia por Federico el Grande y adoptaron los grados superiores en un periodo posterior.

- El Rito de Zinnendorf, fue fundado en 1773 y tiene siete grados; fue introducido en Berlín, en 1776; es teosófico y tiene un Capítulo adscrito a esa Gran Logia.

- El Rito de Philalethes, o Amantes de la Verdad, se compone de siete grados y se inició en 1773; los Capítulos se ocupan de todos los conocimientos masónicos y buscan la reintegración del hombre intelectual; siguen el sistema de Pasqually.

- El Rito de los Caballeros de la Cruz Roja es egipcio. Se divide en tres clases emblemáticas bajo las denominaciones; 1ª. Santuario de los Secretos Masónicos; 2ª. Santuario de los Secretos Herméticos; 3ª. Santuario de los Secretos Teosóficos. 1ª. La oración, el juramento, el bautismo; 2º. La alianza, la unión, la alegría; 3º. Humanidad, invocación, luz.

- El Rito de Schröder de siete grados, llamado la Verdadera y Antigua Rosacruz.

- Perfectos Iniciados de Asia, cuenta con siete grados de filosofía hermética y fue fundada en 1780.

- El Rito Ecléctico se compone de tres grados y fue fundado por el Barón Knigge en 1783. Los Maestros son admitidos al estudio sobre los ritos más practicados.

- El Rito de los Negociados, o Sublimes Maestros del Anillo Luminoso, se formó en 1780 según el modelo pitagórico. La iniciación iba precedida de una purificación por los cuatro elementos; los Magos enseñan las ciencias.

- El Rito Egipcio de Cagliostro era andrógino y fue fundado en 1782. Sus especulaciones, incluían la Metalurgia, la Necromancia, el Cabalismo y la Orinocridad. Su Elixir de Vida estaba compuesto de sustancias aromáticas y oro potable. Invocaba las sombras bajo el sistema de los Coptos, como lo indican los libros amonitas. En las recepciones masónicas, una pupila o Paloma, es decir una joven en estado de inocencia, era colocada ante un jarrón de cristal lleno de agua y, tras la imposición de manos del Gran Copto, adquiría la facultad de Vidente; visiblemente en el agua, se comunicaba con la gema de las regiones medias. En el tercer grado, las damas hicieron bordar sus vestidos con las siete iniciales de Anael, Miguel, Rafael,

Gabriel, Uriel, Zobachiel, Anochiel. Después de la Invocación de la Paloma, Gabriel permite a la receptora purificarse, después otros seis ángeles primitivos consagran las insignias, por último, Moisés, para que bendiga cada ornamento. Al darlos, la Maestra coloca al Aspirante en un gran círculo y la logia se cierra con la adoración al Eterno. Cuando la esposa de Cagliostro estuvo ante la Inquisición Romana, afirmó que su marido hablaba con dureza de Moisés, ya que se había negado a ayudarle en sus misterios.

- El Rito de San Martin fue fundado en París, el 7 de mayo de 1798. Las doctrinas son las de Martinez Pasqually. El rito se divide en diez grados, de los cuales siete forman el primer templo y tres el segundo. Su instrucción trata de la creación del hombre, su desobediencia, su castigo, su regeneración y su reintegración en los bienes que ha perdido por sus transgresiones. Su objetivo es el perfeccionamiento del hombre, para que se esfuerce por acercarse a su Soberano Maestro del que emana. Martinez Pasqually era alemán, nacido hacia el año 1700, de familia pobre, pero a la edad de 16 años sabía griego y latín. Visitó Turquía, Arabia y Damasco, fue instruido en los misterios del Templo y estableció una orden particular de la Rosacruz, cuyo rito ejerció considerable influencia sobre las diversas organizaciones masónicas del siglo. El rito se reprodujo en París en la Logia de los Filadelfos y contaba con doce grados, en los que todas las ciencias reposaban sobre la Química y las ciencias ocultas; disponía de una biblioteca rica en literatura masónica.

- El Rito Escocés Filosófico tiene doce grados de ciencia y se formó en 1776 para desarrollar los principios pitagóricos.

- El Rito Francés, del Gran Oriente, abarca solamente los grados hasta la Rosacruz y fue organizado en 1786, para constar de siete grados. Posteriormente, el Gran Consejo incluyó una pequeña colección de otros Ritos.

- El Rito de Fessler, o de la Gran Logia Rayol York, idéntica a la Amistad de Berlín. Se formó en 1787 para constar de nueve grados y da una historia detallada de todos los ritos.

- El Rito Escocés Antiguo y Aceptado, posee 33 grados y fue organizado en Charleston, América, en 1802. 28.

- El Rito de Mizraim, posee 90 grados, divididos en 4 series, y fue establecido en 1805. La iniciación es una imitación de la egipcia y encierra una moral pura.

- El Rito Persa Filosófico, fue establecido en 1816, con siete grados.

- Los Perfectos Iniciados de Egipto, fue compuesto en Lyon en 1821, para constar de siete grados, según el ejemplo de los Crata Repoa.

Muchas de estas órdenes practican los mismos grados bajo otros nombres y con otras disposiciones. Toda la ciencia de la masonería antigua puede clasificarse en las siguientes divisiones: *Primera.* El estudio de la naturaleza en todos sus elementos y resultados, Astronomía y Química, que conducen a una demostración directa del Sublime Arquitecto del Universo y a un conocimiento de la antigua ciencia de los Magos egipcios, preservada para la posteridad por adopción en nuestra orden. *En segundo lugar.* Las instituciones mosaicas tal como se describen en la Santa Biblia, y los Misterios de la antigüedad. *Tercero.* Las doctrinas evangélicas, las ciencias naturales, la filosofía y la historia. *Cuarto.* La institución de la orden de los templarios, que completa la parte histórica de nuestra enseñanza. *Por último.* Nuestra obra es alta filosofía y un estudio de los mitos religiosos de las diferentes épocas de la humanidad. Sólo con la ayuda de la historia y de la ciencia, nuestros hermanos pueden captar el verdadero espíritu de nuestra institución. Todos los grados y dogmas admitidos en ciertos Ritos, ajenos a la clasificación anterior, son innovaciones y por regla general han perjudicado a nuestra sublime institución, por las dificultades que han ocasionado entre los obreros, causando interminables discusiones y querellas y amenazando gravemente el bienestar de la Orden Masónica.

Nuestra Sublime Institución se ha extendido por todo el globo y ha penetrado en todos los rincones de la tierra, sembrando a su paso las semillas de la civilización y el progreso.

SOBRE MASONERÍA ESOTÉRICA Y EXOTÉRICA

UN GRAN POETA, una de las glorias de la época de Augusto, que, por su genio, fue juzgado digno del favor de la iniciación, Virgilio, en el sexto libro de su inmortal *Eneida,* deseando consagrar algunos de los ritos de los Misterios Egipcios y para apartar de su cabeza las maldiciones, que sabía serían fulminadas contra un divulgador de sus secretos, al acercarse a estas notables revelaciones, habla así en lenguaje deprecativo. «¡Oh, Dios, cuyo imperio se extiende sobre el alma! ¡Oh, sombras silenciosas! ¡Oh, caos impenetrable! ¡Oh, olas devoradoras de Phlegethon, rompiendo sobre las llanuras distantes, en el silencio de la noche! Ya que no me está permitido, revelar lo que he oído, bajo tu poderosa protección, permíteme relatar las cosas, sumido en la profundidad del abismo; envuelto en nubes misteriosas».

Rodeados como estamos por las brillantes luces de este Sublime Consejo, podemos prescindir de estas invocaciones y precauciones umbrías.

Cuenta un antiguo filósofo griego que había invadido Egipto y visitado los principales santuarios de la ciencia, que el punto capital de la doctrina sacerdotal era su división en *exoterismo* o ciencia externa y *esoterismo* o ciencia interna; y es por estas dos palabras griegas, que traduce las dos palabras hieráticas, que él entendía estaban prohibidas fuera del Templo. Dice que los sacerdotes no eran pródigos en ninguna parte de su ciencia; a los neófitos se les imponían largos trabajos, estudios profundos y duras pruebas antes de que pudieran llegar al grado más bajo de exoterismo, mientras que para el esoterismo las pruebas eran aún más severas. No se daba ninguna ayuda, ningún consejo, ningún estímulo a los que intentaban penetrar en los misterios superiores. Era por la fuerza del espíritu y por la inspiración divina solamente, que el aspirante podía llegar allí. Sucedía con frecuencia que los pontífices que ostentaban las más altas dignidades apenas habían dado un paso en la parte mística de la Ciencia Sagrada. Había misterios dentro de los misterios, como los hay todavía en las asociaciones similares de Oriente y Occidente. La Estatua de Isis, siempre velada, incluso para los Hierofantes, el Esfinge agazapado en silencioso reposo a la puerta del Templo, eran los emblemas de estos últimos secretos esotéricos; el despotismo de los hombres fuertes y violentos se extendía por toda la tierra y esta política reservada era dictada por la sabiduría y la necesidad.

No nos esforzaremos en fijar una fecha en el pasado remoto, cuando los Patriarcas trataron de ocultar el tesoro de la grandeza y de la igualdad del hombre, ante el trono del creador y de revelarlo sólo a aquellos que se habían mostrado dignos por pruebas severas; pero después que el cristianismo popularizó la parte moral de los misterios, el camino del filósofo se allanó. Pudo ser más explícito en sus enseñanzas, porque el cristianismo, al reconocer el derecho de la discusión religiosa y las enseñanzas de la inteligencia, había fortalecido sus poderes y el espíritu humano, por la fuerza de su expansión natural, hizo el resto; y se proclamó la libertad de pensamiento. A este gran progreso, que nos coloca en una posición mucho mejor que la de los filósofos de la antigüedad, debemos la capacidad, sin ponernos en oposición con nuestra augusta tradición, de levantar parcialmente el velo de la masonería sin rasgarlo del todo; y aunque no tenemos nada que temer, de una irrupción de la fuerza bruta en el dominio del pensamiento, no podemos sin crimen, exponer el conjunto de los conocimientos masónicos a la ligera reflexión de los superficiales; a las falsas interpretaciones de la mala fe, al desprecio de la ignorancia, o a las persecuciones del fanatismo; porque nuestros misterios para ser apreciados exigen un espíritu atento y devoto, un corazón puro e independiente, que no busque más que la verdad y la justicia.

Nuestra ciencia es el medio por el cual podemos lograr el admirable objetivo que tenemos en mente: hacer de la humanidad una poderosa hermandad.

Nuestras tradiciones dicen que «nadie es digno de la ciencia si no la ha conquistado por su propio esfuerzo». En este punto somos un poco más fáciles que nuestros severos Maestros y, si se nos prohíbe revelar esta ciencia a aquellos que no tienen derecho a ella, podemos transportar al Neófito a las montañas donde puede contemplarla. Tal vez, inflamado de ardor ante la visión, trabajará para merecer un puesto en nuestro Gran Ejército Electo. El esoterismo masónico abarca todo el círculo de actividad del alma humana; toda la ciencia, todo el arte, todo el pensamiento, se encuentra desplegado y sólo es negligente con la parte elemental y práctica. El esoterismo abarca la parte trascendental y metafísica, dejando al exoterismo el espíritu disponente y el talento ejecutivo: está reservado al genio crear.

Tres ciclos unidos en orden misterioso por una cadena indisoluble y que se corresponden recíprocamente de una manera inefable, forman el Templo Místico. El primero puede ser llamado, por los profanos, el *ciclo histórico*; se compone de tres divisiones simbólicas que abarcan el desarrollo social de la humanidad en general y de cada pueblo en particular, a saber: Sociabilidad, Familia, Libertad. El segundo es el *ciclo poético*; las nueve graciosas hijas de la imaginación, las Musas, sostienen la guirnalda sagrada que lo corona; las columnas de su Templo están compuestas de brillante mármol pario, portando ingeniosos emblemas, consagrados a la gloria de los dorados hijos alados de la armonía y la fantasía. Aquellos poetas, profundos siervos de Dios, que leéis en los cielos, o en las entrañas de la tierra, los infinitos recursos del Sublime Arquitecto del Universo, inspirados soñadores, vuestro lugar en el Templo Sublime está marcado. El cisne, con alas de plata, atraviesa el río del olvido, superando innumerables obstáculos para fijar vuestros nombres en la fachada del Templo de la inmortalidad. Euterpe, que te llama a dulces acentos, Terpsícore a pasos divinos, enséñate, que por encima de lo terrenal se sitúa el arte celestial. Podéis comprender, tal vez por primera vez, esas luces que penetran en vuestras nobles almas e iluminan las lejanas regiones. La voz interior que vibra dentro de vosotros se hará ahora inteligible y comprenderéis al «Dios que se agita», como lo hacía la embelesada Sibila de los antiguos misterios. Pero debemos dejar estas seductoras imágenes de gracia poética, el coro de la danza, el lápiz de Apeles, el cincel de Fidias. Iremos a exigir del Santuario de Brahma y de los pensativos Misterios filosóficos de la India, lo que enseñaron a Egipto, al instructor del mundo; los grandes secretos de la ciencia divina. Entramos en el *ciclo filosófico*; sobre su altar arden tres misterios y fuegos emblemáticos; y tres sacrificios han de cumplirse.

El sabio Brahim, cuyos cabellos se han blanqueado en el estudio de la verdad, nos explica estos tres fuegos y la ciencia que representan; contemplamos el fuego de las ceremonias cotidianas, el fuego del hogar doméstico, el fuego del sacrificio; pero su significado nos sigue siendo desconocido.

Hombre inferior, postrado en tierra, dijo el sabio brahmán, ¿por qué me interrogas sobre la Ciencia más Sublime? A estos tres misterios, responderé con tres misterios. El hombre es cuerpo, alma y espíritu. Reflexiona y si estos profundos estudios te atemorizan, mira hacia lo alto, a la bóveda celeste de este Templo; nueve cielos están descritos en ella y nueve potencias celestes los presiden; y tú puedes ocupar tu lugar en medio, si eres digno. La voluntad inteligente habita el primero, la palabra simpática el segundo, el espíritu organizador el tercero, la sumisión al poder benéfico el cuarto, la energía social el quinto, el gobierno popular el sexto, el dominio de la inteligencia el séptimo, el genio que descubre la verdad, el octavo; pero el Sabio que vive y piensa en Dios, ocupa el noveno y reposa eternamente a los pies del trono de Brahma.

Tal es, mi Hermano, la gran masa de la ciencia masónica; decir mucho de ella sería presunción, tanto puede permitirse en respuesta a la gente imprudente, que, apenas en el umbral del Templo Masónico, están persuadidos de que todo está en los símbolos exteriores que llaman la atención y exclaman con desdén: «Hemos mirado en las profundidades de la Ciencia Masónica y la hemos encontrado vacía». ¡Oh!, necios temerarios, sólo habéis levantado el primer velo del misterioso Templo de Isis. Para vosotros la cortina del Templo de Apolo permanece silenciosa. No blasferméis de aquello que ignoráis...

A ti, Ilustre Hermano, que has alcanzado la cumbre del conocimiento masónico, añadiré unas palabras. Las ceremonias que han asistido a vuestra elevación, tienen por objeto grabar en vuestra mente la prueba que todo ser humano está destinado a sufrir y de la cual obtendréis consuelo y esperanza en el futuro. Has vivido, muerto y resucitado, y esta última maravilla ha sido afectada por la gracia de la palabra, cuya posesión constituye la perfección de la antigua sabiduría y la alegría de la mortalidad. Ahora has dominado el secreto de la masonería; es simple, pero todo importante; hay una Vida, una Muerte, un Juicio final y un solo Dios. El cuerpo muere, pero el alma vive y después de la descomposición de la materia se eleva en lo alto, acercándose al Sublime Arquitecto del Universo, proporcionalmente al refinamiento que ha experimentado durante su probación terrenal. Se os informó durante las primeras ceremonias masónicas, que la Palabra del Maestro se había perdido para siempre. Esto es desgraciadamente demasiado cierto, porque la palabra es la vida eterna, que en vano buscamos en este imperio terrestre. Todas las leyendas de la masonería, que no son más que un epítome de las tradiciones primitivas, no son más que fábulas destinadas a transmitir verdades morales. En nuestro Rito Antiguo y Primitivo, nos adherimos a las ceremonias más venerables que prevalecen entre los hombres civilizados. La Verdad es una, ya proceda del mes de los Hierofantes Primitivos, de Jesús o de Mahoma, ya se encuentre en los Vedas, en el Avesta, en el Ritual de los Muertos, en la Biblia o en el Corán. La ceremonia a la que te has sometido representa el progreso del alma humana y su recompensa, según los principios de los egipcios y, como no difiere en ningún aspecto esencial de la enseñanza cristiana, podemos considerar nuestra versión ceremonial como universal.

Aquí termina todo el conocimiento de la verdad y la sabiduría conocida por los masones; que vivas mucho tiempo para ayudar a nuestra misión de propagar el Rito Antiguo y Primitivo por todo el mundo.

SOBRE LA JUSTICIA

EL OBJETIVO CARDINAL y casi solitario del Rito Antiguo y Primitivo es imponer la observancia de una moralidad pura y rígida. A pesar de ello, sus profesantes declarados han sido objeto, desde los primeros tiempos, de persecuciones inicuas a manos de vecinos maliciosos y malévolos. En el mérito intrínseco y en la austera pureza de la moral masónica se encuentra, desgraciadamente, la causa principal de sus incesantes aflicciones. La francmasonería se esfuerza por alcanzar la virtud; y la virtud es siempre una piedra de tropiezo en el camino de los transgresores. La francmasonería se basa en la verdad y la verdad es aborrecida por los discípulos de[pasión. La francmasonería busca la difusión de la luz, la ciencia y la tolerancia; la experiencia de la historia enseña que la luz, la ciencia y la tolerancia siempre han sido perseguidas por los vanidosos, los ignorantes y los fanáticos. De ahí, no veáis, que la persecución de la francmasonería se sigue como consecuencia natural de la vanagloria, de la necedad y de la hipocresía.

Hay otra razón por la que la francmasonería debería atraer sobre sí la ira de los mundanos. La francmasonería, cuando se practica en su pureza primitiva, no favorece ni la vanidad ni la arrogancia, ni alienta la vanagloria ni la codicia; pues no se jacta de honores mundanos ni de riquezas temporales. Si estuviera a nuestro alcance conferir títulos de nobleza, crear cargos de altisonante vacuidad y otorgar fragmentos de poder despótico, entonces encontraríamos los vestíbulos de nuestros templos atestados de multitudes de los que ahora son nuestros enemigos implacables, hombres sin fe ni piedad, empujándose unos a otros en una lucha por alcanzar esas vanidades que despreciamos y deploramos. Sin embargo, teniendo enemigos, los perdonamos; porque su animosidad es más bien una fuente de molestia para ellos mismos que para nosotros; porque agudiza el placer que disfrutamos en nuestra moralidad secreta e individual, una virtud que ellos no pueden apreciar ni comprender.

Es de los Institutos egipcios de Isis de donde los masones han deducido esas máximas de virtud moral que durante tantas épocas han hecho de nuestra orden el consuelo de los sabios y un objeto de veneración para las comunidades ilustradas. El instituidor, un sabio de las orillas del Éufrates, con un genio tan brillante como profunda era su comprensión, fundó una nueva orden en el goce moral, que tomó prestada su vida del conocimiento de una esfera superior. Parece como si este legislador divino, cuya legislación era religiosamente sublime, desdeñara la tierra rastrera con pisada aspirante y subiera a un pináculo en el mundo celestial desde donde su ojo escrutador contemplaba los misterios del universo y desvelaba los resortes secretos que regulan las revelaciones de la naturaleza. Zoroastro fue un discípulo de este sistema y enseñó el culto a esa

Deidad sin templo que impregna todo el universo, a un pueblo cuyos pensamientos se perdían en la inmensidad del espacio; y que se congregaban a su alrededor para aprender noticias de lo grande, lo misterioso y lo infinito. Este pueblo adoraba las estrellas de la bóveda celeste como centelleos de la gran luz central; veneraba al regente dorado del día como un poder benéfico y dador de vida y buscaba consuelo por la noche bajo el reflejo más pálido de la luna de ojos plateados.

Este gran legislador, que ha sido llamado por turnos Isis, Osiris, Thoth, Hermes, Manu, Zoroastro, desdeñó la composición de un poema épico y aspiró por sí solo a crear una constitución política, que debía perpetuar su fuerza, mezclándose con los hábitos, modales, costumbres y observancias religiosas del pueblo. Con este espíritu escribió sus estatutos sobre la tabla del corazón humano, con el fin de dirigir al hombre hacia la perfección cívica, reproduciendo las características veneradas en cada hogar con el objetivo de la regeneración. Compuso preceptos más que leyes, máximas más que preceptos, modales populares más que máximas; porque las revoluciones populares y un cambio de costumbres podrían derribar los códigos de leyes, mientras que los preceptos y una sólida regulación de los modales, colocados bajo el escudo protector de la religión, sobrevivirían a la destrucción de los imperios. Todo, sin embargo, decae bajo la mano del tiempo. Las leyes se vuelven obsoletas, los preceptos se marchitan y hasta las costumbres más populares pierden su fuerza; pero las máximas de valor moral nunca perecen: se identifican con los impulsos de la vida cotidiana, siguen a los hombres desde la cuna hasta la tumba y se transmiten de una generación a otra, con la sangre que corre por las venas. La base y el modelo de nuestra Institución Mística fueron traídos de las naciones de Tartaria y se convirtieron en un guardián siempre vigilante sobre el fuego sagrado de la libertad popular y el paladio de una nacionalidad profunda. Oculta bajo la misteriosa sanción de la religión, desafió los asaltos de la autoridad y la tiranía; mientras que por medio de fábulas, leyendas, emblemas y oráculos, formó y moldeó las opiniones de la multitud. De este modo, ejercía los privilegios de una magistratura moral, rehuyendo la ambición de un poder embriagador e inculcando la reverencia por los preceptos de la sabiduría y la justicia. Embellecida, en lugar de deformada, por un augusto misterio y adornada con la santidad de la religión pura, una Institución de este maravilloso carácter era verdaderamente considerada como la octava maravilla del mundo. La admiración se unió a la veneración por esta sublime creación de sabiduría ética e impregnó a los inteligentes e ilustrados del mundo antiguo, hasta tal punto, que Egipto se convirtió en la Academia de las Naciones, el Seminario Místico, por así decirlo, donde los estadistas y legisladores adquirieron los rudimentos de la ética política. La sabiduría de los egipcios se convirtió, debido a esta profunda veneración, en un proverbio familiar entre los pueblos de la antigüedad; y sabios de todos los climas, peregrinos agotados en busca de la verdad eterna, anhelaban la iniciación en los misterios de Menfis y de On y no tenían en cuenta sus temibles pruebas. Minos, Licurgo, Solón, Pitágoras y otros legisladores de eterna eminencia, partieron libremente de sus tierras natales y viajaron a los santuarios de Mizraim, con el único objetivo de buscar la iniciación como recompensa y la instrucción en la ciencia del gobierno humano, dentro de una Logia de Menfis. Esta escuela de instrucción política asumió el nombre de Misterios de Isis y Osiris, como título distintivo, para rendir un homenaje agradecido a la memoria de su fundador. Sin embargo, con el tiempo, la posteridad confundió al sagaz Patriarca con la divinidad y la apoteosis de un ilustre, pero mortal, legislador, con los símbolos de las virtudes que había predicado y practicado al amparo de ese honorable nombre. Sólo los iniciados conservaron la distinción, mientras no sólo toleraban, sino que alimentaban absolutamente, un error popular, que supeditaban a las consideraciones más graves de la moralidad nacional.

La gran máxima de estos legisladores era la justicia. Forma la base social; sin su presencia, la sociedad se alborotaría en ultraje, violencia y depravación; sin ella, el espíritu de civilización que avanza sería pisoteado bajo una regla de desorden tiránico. La justicia es enfáticamente una virtud masónica; nuestro precepto ennoblecedor es el de Arístides: «Sed siempre justos, lo mismo con los enemigos que con los amigos»; y mediante la práctica de esta regla exaltamos nuestras reputaciones individuales y glorificamos al Sublime Arquitecto del Universo Una providencia divina vela continuamente por los oprimidos y su mano pende en perpetuo juicio sobre la cabeza del opresor, que no sabe en qué momento puede golpearle. Para el juez injusto, la imagen de su víctima está siempre presente, reprendiendo en silencio su iniquidad, mientras su conciencia es atormentada por la tortura de la angustia y el remordimiento perpetuos. El ladrón, el asesino, el homicida, pueden tal vez paliar su crimen alegando alguna circunstancia atenuante que absuelva la culpa moral; pero aquel que comete una injusticia contra su prójimo mediante una transgresión voluntaria, se marca a sí mismo como un objeto que debería ser expulsado de entre la raza humana. La justicia, es la divinidad de los Imperios, la única providencia de las naciones, es el diapasón de la virtud e incluye a todas las demás. Los tiempos primitivos la conocieron bajo el nombre de Astrea; otros la llamaron Themis, pero los divinamente iluminados la denominaron, simplemente: Verdad. En su lenguaje alegórico, los antiguos hacían de la Justicia la hija de la Verdad y le daban por hermana a la Virtud; la Verdad misma era la hija de Saturno, o el Tiempo. Podemos preguntarnos: ¿por qué hicieron dos seres distintos de la Justicia y la Virtud, o por qué hicieron que la Justicia naciera de la Virtud? ¿Creían que el hombre era, al mismo tiempo, virtuoso e injusto? No debemos culpar precipitadamente a nuestros antepasados, pues esta contradicción encierra una lección muy sensata. La virtud, siendo colectiva, comprende todo el deber del hombre: la piedad filial, el amor conyugal, la templanza, la caridad, la modestia, el patriotismo, el valor cívico; pero no hay una sola de estas virtudes que no presuponga la justicia, que es anterior a todas ellas y, por lo tanto, demasiado importante para ser simplemente una parte de la virtud. Un hombre es sobrio, otro caritativo, aquél un buen esposo, los Dacios y los Asios eran devotos de su patria. Catón era un magistrado rígido, Aod y Bruto inmolaban a los tiranos, Leónides moría por su país, Licurgo legislaba, Fenelón se devoraba de amor por el prójimo, Howard por el criminal, Vicente de San Pablo era el Apóstol de la Caridad: cada uno poseía algunas virtudes, pero ¿qué hombre es perfectamente virtuoso? Por eso los antiguos, con razón, hicieron de la Justicia un ser aparte, una divinidad, que tiene sus propios altares y su propio culto. Sin Justicia no hay actos virtuosos, no puede haber virtud completa; tiene lugar en todo, prescribe toda virtud.

Para seguir la ley de la Justicia, el hombre debe ser templado, porque la intemperancia destruye la facultad del sano juicio; debe ser caritativo, porque su voz dice: -Es injusto alegrarse cuando tu hermano está afligido. y guardar para ti los bienes que la naturaleza ha creado para todos; debe ser tolerante, porque comprende que es injusto imponer su propia opinión a otros hombres, que poseen como él la facultad de la razón; será un buen ciudadano, porque sabe que es un deber social; buen padre, buen esposo, buen hijo, buen hermano, porque éstos son deberes naturales; dirá: es por la justicia que cumplimos los deberes de la naturaleza y de la sociedad y por ella el hombre se hace sumiso a las leyes del deber. Si deseas llegar a ser sabio, comienza por entrar en el camino de la virtud, la Justicia será tu guía y siguiéndola serás justo. La Justicia es innata en el corazón de todos los hombres y tiene la conciencia del verdadero hombre.

La conciencia nunca nos falla, es un testigo parlante que sólo espera ser interrogado; un juez recto y severo de cuya sentencia nadie está exento; un verdugo impiadoso que tortura a sus víctimas noche y día. La conciencia es un acusador importuno que se manifiesta por un rubor en la frente del culpable; sus palabras llevan los tonos persuasivos de la verdad que imponen respeto: una mala conciencia despierta a su víctima con un sobresalto cuando suena cierta hora e impide el sueño; busca al hombre en la soledad, roe su alma y perturba sus diversiones; es una Némesis cruel, la madre del remordimiento; busca el sueño en el abismo del crimen, para levantarse aún más terriblemente.

Sí, oh, Justicia, tú eres innata en el corazón del hombre, que aquellos, que desean ser felices, no ahoguen tu voz. La verdad y el error se disputan la tierra, el error es el resultado de la enfermedad humana; pero la Justicia es inmutable, cualquiera que sea el culto, las leyes o las costumbres; es el fundamento de toda sociedad y sin ella ni siquiera dos hombres podrían vivir juntos; la paz de la sociedad depende de la justicia. Es la verdadera justicia la que produce el reposo y dando paz a todos los corazones los conducimos a la Justicia; la Virtud consiste en el amor a los efectos intelectuales de la Justicia.

A ti, Hermano, que has sido elegido entre todos los demás como Tribunal de Justicia, te digo: sé digno de esta alta vocación: que la Justicia sea tu guía invariable. ¿Cómo puedes olvidar esta cualidad ni siquiera por un momento, cuando este Templo la señala con numerosos emblemas? Aquí están el Compás, el Nivel y junto a ellos la Escuadra. Estas herramientas nos enseñan alegóricamente que debemos hacer perfecto nuestro trabajo, es decir, nuestra vida.

La logia no es Justa y Perfecta si no está compuesta por siete. ¿Por qué? Porque el número siete es el de la armonía y la armonía es de nosotros y entre nosotros siempre, pues nuestro Templo no puede ser justo y perfecto sin ella. La Justicia es la Tzedaka o primer peldaño de la escalera misteriosa que los iniciados tienen que subir, es de nuevo el séptimo y último bajo el nombre de Thebounah, de ahí que nuestros Sabios lo consideren como el principio y el fin. Justicia es la primera letra del nombre de Jehová, no podemos deletrear el nombre divino sin comprender el sentido de cada letra que lo compone. Pitágoras ha dicho: «Dios es Dios, porque es justo», del mismo modo que se llama a un hombre sólo cuando pronunciamos su nombre y porque en la lengua primitiva cada nombre era característico de sus cualidades. Nuestros antepasados, los iniciados de empieza o cierra, saben que la Vida Eterna condena la injusticia. El Hierofante dijo a los Epoptæ: «Caminad por la senda de la justicia». En Hermópolis la primera de las Musas dijo: «Isis y la Justicia son una». Tucídides dijo: «No te contentes con ser justo, pero no permitas la injusticia». Marco Aurelio dijo: «Trata de persuadir a los hombres, si eso no se puede hacer, haz entonces, a pesar de ellos, lo que la justicia exige de ti». Cuando le preguntaron a Sócrates si Arquelao podía ser feliz, el Sabio respondió: «Sí, si es justo». Nunca repetiré bastante que la Justicia es la base de toda sociedad; no se puede construir sobre arenas movedizas y el corazón del hombre injusto es más traicionero que las arenas del desierto; los hombres, las sociedades, los imperios, todos viven de ella; sin ella, todos perecen y mueren, nada escapa a esta ley; es que el mundo moral, como el mundo físico, está sometido a las leyes eternas de la providencia. Cuando la Gran Causa creó estos millares de mundos y millares de criaturas para cada uno de ellos, hizo todo por esta única ley, está impresa en todas sus obras y nada puede operar sino por la acción y la reacción que resulta del juego de esta única ley, cuyo origen asciende al Creador. El hombre que descubrió las leyes que regulan el mundo físico fue grande; el sabio que las comprende y regula el mundo moral es mucho más grande; son estas leyes morales las que le sostienen en la adversidad, diciendo: «Sufre, espera y persevera, la ley del mundo moral es la justicia que preserva, o la injusticia, que, nacida de la violencia, destruye». En efecto, si examináis y comparáis los anales de todos los pueblos, los veréis elevarse y arder con una luz pomposa y luego caer para no elevarse más; ahora volved sobre vuestros pasos y buscad si no podéis encontrar alguna gran injusticia cometida, algún derecho infringido, si la fuerza no ha sustituido a la Justicia; es de esta manera como debemos tratar de comprender la revolución de los imperios. Escrutad las fortunas de los hombres que son felices según este mundo, si esta fortuna, que deslumbra a la multitud, se basa en la injusticia, nunca ha tenido ni tendrá, más que una existencia efímera; es porque la providencia vela por el oprimido y castiga al opresor sin decirle por qué. La tierra que absorbe sangre y lágrimas, eleva a los pies del Dios Eterno, en el silencio de la noche, un clamor que no oyen los mortales desatentos. La humanidad es castigada tanto por la injusticia que comete como por la que no ha evitado, pues existe una solidaridad entre todos los hombres y no en vano se dijo: «Amaos los unos a los otros». La vista de alguien hacia quien otro ha sido injusto es un vivo reproche, que turba las facultades del alma y las mata; la conciencia no duerme y verdugo y víctima comprenden la voz que castiga y consuela; sólo en la Justicia se encuentra la verdadera felicidad. Sigue, pues, siempre la santa ley de la justicia, que comprende todas las virtudes de la sociedad, que no son sino las variadas formas y diversas aplicaciones de este axioma: «No hagas a otro más que lo que quisieras que te hicieran a ti». Es quizá por este axioma por el que debería haber comenzado, pues es el Criterio de la justicia y de la injusticia, todos los pueblos lo han inscrito a la cabeza de sus diversos códigos y a él se debe que tengamos penas de represalia y si los legisladores renuncian a ellas Dios no lo hará. Si yo pudiera reunir a todos los hombres para que oyeran mi voz, les diría: Si habéis sido injustos, incluso con un niño, apresuraos a rectificar, no sea que el escándalo deposite en su joven alma una herida sangrante y mortal. Si habéis sido injustos con el compañero bruto de vuestros trabajos, apaciguadlo con buenos tratos, porque su instinto ha sentido vuestra injusticia y su naturaleza bruta se levanta contra vosotros; Dios, al dotar al hombre de inteligencia, lo ha hecho rey de la naturaleza, pero nunca quiso que jugara al tirano; su ojo que todo lo ve tiene incluso la consideración de un Padre por el pobre gorrión que palpita bajo vuestra mano. Por último, si has sido injusto con un hermano hombre, no pierdas un instante hasta reparar tu falta, o ese hombre se convertirá en tu mayor enemigo; pero, al percibir tu contrición dirá: Gracias, te perdono. Pero en cuanto a mí, digo: Gracias por esta reparación, porque su recuerdo te dará la paz de espíritu que habías perdido; gloria a ti, porque la confesión de una falta nunca humilla y la Justicia hace al hombre verdaderamente grande. No digas, pues, más: Este hombre me ha sido útil, pero ya no lo es, puedo descuidarlo; éste es el lenguaje de la ingratitud, ese horrible monstruo nacido del egoísmo. Los atenienses fueron grandes aquel día en que en los campos de Maratón vencieron a Jerjes; fueron grandes el día en que la victoria de Salamina salvó a Grecia de la invasión bárbara; pero aquel día en que, por consejo de un hombre bueno, sacrificaron a la justicia a quien podría haber sido útil, merecieron la inmortalidad. Reyes, Príncipes y Pueblo, seguid siempre y en todas partes este noble ejemplo. ¡Ah! ¿crees que la providencia no estima por igual la vida del hombre más oscuro como la del más excelso? Si es así vuestro error es grande y vuestra idea de la justicia muy imperfecta; toda la antigüedad está llena de lecciones de este género. Ilustres Hermanos, si queréis ser completamente justos, no estéis demasiado dispuestos a juzgar a vuestros Hermanos, cualesquiera que sean sus errores aparentes. Si sois llamados a cumplir el penoso deber, considerad con sabia deliberación y permitid que toda excusa retrase vuestra decisión; escuchad con indulgencia, mostrad favor hacia el acusado, incluso en el momento en que todos le acusan. Sé siempre justo, tanto con los amigos como con los enemigos, con todos los hombres, con todos los que respiran. Deja que el mundo profano tome parte en esas discordias interminables donde la ambición y todas las malas pasiones encuentran una causa continua para la guerra. Que sea entre ellos donde los ricos desprecian a los pobres y los fuertes oprimen a los débiles; la Justicia pronunciará su anatema sobre el egoísmo de los ricos y la violencia de los poderosos. Interrogado un neófito sobre el sentido de las dos letras J. y B., que decoran nuestras Columnas Simbólicas respondió, Justicia y Generosidad (bondad), una aclamación general le admitió sin más pruebas en nuestros Misterios y fue digno de la iniciación.

En conclusión, Ilustres Hermanos, no olvidéis nunca que la Justicia es el soberbio atributo del Sublime Arquitecto del Universo, a cuya alabanza nos hemos consagrado y en cuya presencia nunca podremos esperar aparecer con la menor mancha de culpa moral sobre nuestras almas inmortales.

SOBRE LA NATURALEZA DE LOS MISTERIOS Y SU PERPETUACIÓN MASÓNICA

YA HABÉIS, Sublime Príncipe, casi dominado toda la gama del conocimiento masónico; un paso más y habréis alcanzado la cumbre de la perfección en nuestro Rito Antiguo y Primitivo. En esta ocasión no hemos requerido ninguna prueba de tu firmeza moral y física, pues ya has sido tantas veces probado y hallado digno en los grados precedentes, que cualquier otra prueba de valor y fidelidad era innecesaria. En las primeras etapas de nuestro amado Rito, no se podía prescindir de tales pruebas, porque sin ellas, cómo podríamos juzgar y confiar en los Hermanos recién iniciados.

A estas alturas ya debes haber aprendido que el fin y objetivo de la masonería es el bien común y el bienestar de todos los miembros iniciados de la Orden; la difusión del conocimiento, la caridad práctica, la protección mutua y el amor fraternal; y esto sólo puede lograrse mediante una estricta adherencia a los preceptos y leyes de la institución. La obediencia a un gobierno establecido y autorizado es tan necesaria en una sociedad como en un Estado, especialmente cuando las autoridades son de nuestra libre elección. Es tan fácil suponer que un ejército puede estar bien disciplinado, dirigido y provisto sin tener un general u oficiales, como que una sociedad puede ser eficiente sin un cuerpo regular de funcionarios reconocidos. Es, por lo tanto, el deber de cada masón moldear sus acciones de acuerdo con las obligaciones que ha contraído con las leyes de la institución honrada por el tiempo a la que tiene el privilegio y la bendición de estar conectado.

La base estable de la masonería es la creencia en la existencia de un Ser Supremo, el Creador y Gobernante de todas las cosas en el pasado, el presente y el futuro. Esta gran confianza se insiste y se inculca seriamente en cada grado del rito desde el principio; sin ella, la masonería sería un cuerpo sin alma y sus enseñanzas carecerían de sentido, significado y método. Reconociendo la existencia de la Deidad Omnipotente, no tratamos de interferir con las diversas formas de fe que pertenecen a diferentes países, razas o épocas, ya que no son más que modificaciones y, en algunos casos, corrupciones de la religión pura y simple que la naturaleza misma enseña. Lo que es sagrado a los ojos de los miembros de una secta, puede parecer infantil y absurdo a todos los demás; pero al defender la fe simple en un Ser Supremo podemos encontrarnos todos en el terreno común de la tolerancia mutua, porque es un dogma que nos lleva más allá de los albores de la historia y de la invención de tradiciones fabulosas.

Desde los tiempos más remotos, los hombres más sabios e intelectuales de todas las naciones han considerado necesario ocultar sus ideas maduras y liberales a la masa de sus compatriotas y formar sociedades de mentes afines para la intercomunicación del conocimiento y la filosofía. Esta concesión al prejuicio popular puede parecer, al principio, casi despreciable, pero en otros tiempos era absolutamente esencial para su seguridad frente a la persecución ciega y sangrienta de la manada vulgar de la sociedad. Los antiguos sacerdotes de todas las religiones eran hombres que pertenecían a tales asociaciones; preferían cabalgar con seguridad sobre la cresta del sentimiento popular antes que ser abrumados y destruidos por él; por lo tanto, enseñaban al pueblo tales principios, como sabían que se adaptarían a sus prejuicios vulgares y a su amor por lo maravilloso; inventaban leyendas, hacían sacrificios, erigían imágenes, enseñaban en parábolas, construían templos espléndidos y fabricaban milagros. Esto era tangible y satisfactorio para las masas, pero en la aparente momificación había un significado interno que sólo conocían los iniciados; para ellos estas cosas sólo eran alegorías y símbolos que transmitían lecciones de moral y filosofía, demasiado avanzadas para que la mente popular las captara y comprendiera; pues es mucho más fácil creer ciegamente que razonar y digerir. Es imposible creer que los hombres dotados e intelectuales, con los que se originó la fe espiritual de Egipto y la India, fueran ellos mismos creyentes en los numerosos dioses de su Panteón o incluso en el sentido literal de los Vedas y los libros sagrados de los brahmanes. No, son más bien una serie de brillantes alegorías cuyo verdadero significado fue comprendido por las castas superiores del sacerdocio. ¿Puede alguien concebir la posibilidad de que los grandes intelectos de Grecia y Roma, los sabios, estadistas y poetas de esos países, creyeran realmente en la existencia personal de sus deidades mitológicas? Es imposible. Para el pueblo llano eran, en efecto, dioses y diosas; pero para los iniciados no eran más que tipos y emblemas de diversas pasiones, cualidades y estaciones.

En cuanto a los Misterios Egipcios, ya estáis familiarizados con sus ceremonias simbólicas y con la interpretación espiritual de las mismas. Ayudados por la luz de la verdad y la razón, no podemos sino admirar y respetar su filosofía pura y primitiva y la solidez y exactitud de su instrucción. Nos revelan una religión en consonancia con las leyes de la naturaleza e inculcan una doctrina simple en veracidad y benéfica por su universalidad. Zoroastro también enseñó un sistema puro de moralidad y religión natural bajo el velo de brillantes metáforas y atractivas ficciones. El espíritu de la época en que vivió y el amor oriental por la alegoría le obligaron a adoptar este camino; pero una vez levantado el velo del misterio, nos sorprende y deleita la sencilla sublimidad y belleza de sus doctrinas, que son casi idénticas a las del cristianismo puro y práctico. Los druidas de Bretaña, Galia y otros países eran hombres que estaban intelectualmente adelantados en siglos a las naciones entre las que trabajaban; eran los Illuminati de su raza y de su época y poseían un poder ilimitado sobre las tribus semibárbaras de las que estaban rodeados. Que eran Adeptos en muchas de las artes y ciencias está probado por muchos restos Druídicos esparcidos por Europa y por la información tradicional que ha descendido hasta nosotros de su conocimiento de Astronomía, Música, Poesía, Elocuencia, poderes naturales y mecánicos y sobre todo, su creencia en un Ser Supremo. Tal conocimiento no pudo haberse originado en ellos mismos; debió haberse obtenido de la cuna de la civilización, el Oriente, y muy probablemente les fue comunicado por medio de una Orden parecida a nuestro Rito Antiguo y Primitivo. El hecho de que existieran muchas de ellas ha quedado demostrado históricamente más allá de toda duda. En una época, la civilización se habría hundido bajo las olas de la ignorancia y la barbarie, si no hubiera sido por los esfuerzos activos, aunque secretos, de tales instituciones. La luz ha existido siempre entre los hombres, pero ellos en la oscuridad no la comprendieron; la luz de la masonería nos ha revelado y explicado, los poderosos misterios de los días antiguos, en toda su prístina pureza y grandeza y la misma simplicidad y verdad que descansa bajo la superficie brillante y resplandeciente de los ritos ceremoniales, constituye su real majestad y belleza.

La masonería combina en sí misma, todo lo que es puro, instructivo, humanizador y digno de alcanzar, en cada doctrina enseñada por los credos del pasado y del presente. Su Templo está construido sobre la sólida roca de la luz y la razón; sus cimientos están profundamente asentados, sus pilares son fuertes: la Verdad, la Integridad, la Caridad y la Sabiduría. Ha resistido inquebrantable durante muchas épocas los asaltos del fanatismo y la ignorancia, y sin duda continuará firme y majestuoso durante incontables épocas por venir. Casi todas las sociedades populares de la actualidad deben su origen y sus conocimientos más valiosos a la masonería; y nuestra Orden se ha extendido tan completamente sobre la tierra que se ha hecho casi imposible para cualquier hermano estar lejos de algún miembro de la fraternidad. Cuán orgullosos debemos estar, por lo tanto, de su poderoso progreso y universalidad y cuán estrictamente debemos guardar su honor e integridad. Regulemos nuestras acciones según sus nobles preceptos, para que los no iniciados puedan respetar el nombre de masón; demostremos por nuestra conducta, no sólo entre nosotros, sino a todos los hombres, que nuestros principios son practicados y no meramente profesados; que nuestro ser hermanos del Lazo

Místico no interfiere con los deberes que debemos a la sociedad y a nuestras familias, como honestos ciudadanos respetuosos de la ley, sinceros y honorables amigos y amorosos esposos y padres.

Antes de concluir la exposición de este grado, hagamos una breve retrospectiva de aquellas organizaciones directas que precedieron a la francmasonería moderna.

Los Misterios Egipcios son los primeros de este tipo, de los que tenemos alguna información positiva y definida, y en nuestro conocimiento de ellos se basan las ceremonias de nuestro Rito Antiguo y Primitivo, en la medida en que estos antiguos misterios están de acuerdo con el espíritu y la inteligencia de la época actual. Los Misterios de los griegos y romanos se fundaron en los de Egipto, que en la antigüedad se situaban al mismo nivel que los del Indostán. Por la extensión del Cristianismo, que fue el desarrollo popular de estas sociedades y la consecuente caída de los antiguos sistemas, los perseguidos se convirtieron ellos mismos en los perseguidores y en su celo intolerante buscaron barrer de la existencia mucho de lo que era sabio, bueno. y bello, con lo que era erróneo y malo. Aquello de que «la verdad aplastada contra la tierra resucitará» se verificó en este caso, pues cuando el espíritu de intolerancia religiosa parecía triunfar y las incontables hordas de bárbaros del Norte cubrían la faz de Europa, hubo muchos que, fieles a la causa de la luz y el progreso, apreciaron y enseñaron en secreto y en peligro, la literatura clásica y la filosofía moral de los refinados griegos, romanos y egipcios. A la vuelta de los cruzados de sus infructuosos conflictos con los sarracenos, más civilizados, se desarrolló un gusto por la ciencia oriental que se manifestó en una pasión por la astronomía, la astrología y la alquimia; esta oportunidad favorable fue aprovechada por los cultos e ilustrados de la época y, bajo el pretexto de estudiar las ciencias ocultas, prosiguieron sus investigaciones en filosofía y ciencia racional con total seguridad; estaban en constante comunicación unos con otros, intercambiando experiencias, los resultados de sus experimentos y cualquier otra información que pudiera ser útil para la causa de la luz y el progreso. Así nacieron las sociedades secretas más extendidas de la Edad Media. Del almacén de Oriente llegaron los tesoros exhumados de la filosofía pagana y cristiana primitiva, que los entusiastas trabajadores de la imprenta esparcieron por el prolífico suelo; la herejía luterana, al sancionar la difusión de las Escrituras en las lenguas vulgares, cimentó las lenguas modernas; mientras que las enseñanzas de Pitágoras, Sócrates, Platón y los Padres bizantinos se convirtieron en dogmas favoritos de las escuelas eruditas y retóricas. En la aurora de la luz resucitada, los ilustrados concibieron el proyecto de descartar sus subterfugios anteriores, bajo el ropaje de la Alquimia, las Cortes de Amor, la Magia y el Rosacrucismo, bajo los cuales habían ocultado el enjuiciamiento de la ciencia racional.

Por muy valientes que fueran estos hombres, no se atrevían a propagar abiertamente sus doctrinas. ¿Podrían, con la Inquisición siguiendo sus pasos, aventurarse a combatir la supremacía eclesiástica? ¿Podrían, con la espada del rey-artesano suspendida sobre sus cabezas, abogar por la emancipación de la autoridad tiránica? Sobre todo, ¿podrían, cuando el catolicismo papal era la religión declarada de los Estados, incurrir en la certeza del martirio reviviendo los antiguos misterios que habían sido tan odiosos para la Sede de Roma? Había un camino abierto a los sagaces hijos de la luz; encontrando que el Libro Hebreo de las Leyes proporcionaba una base conveniente para un sistema de disciplina moral igualmente aceptable para el israelita, el cristiano y el musulmán, proclamaron al mundo que se habían unido para reedificar un Templo Místico que, aunque físicamente extinto, todavía era capaz de una reconstrucción simbólica. Para este propósito, encontraron la antigua organización de los francmasones lista para sus manos y no queriendo dejarse identificar con los templarios y otros Caballeros Monjes, que se habían anunciado a sí mismos como los enemigos jurados de los moros, los perseguidores de los judíos y los opresores de los cristianos de bajo grado, la nueva Orden asumió los símbolos del trabajo mecánico y bajo esta apariencia poco ostentosa, buscó unir a toda la humanidad en una hermandad armoniosa, sin distinción de religión, raza o privilegio.

Como cada religión posee un semidiós, cada nación un maestro y cada fe una leyenda, nuestros masones adoptaron una nueva versión de un antiguo mito simbólico y lo transformaron en la fábula del Hijo de la Viuda; el esquema de cuyo martirio imaginario, coincide con el destino atribuido respectivamente a Osiris, Hércules, Woden, Jesús de Nazaret y Arturo Pendragon. Por medio de esta sencilla narración, desprovista de adornos sobrenaturales y maravillosos, inculcaron el dogma de una identidad en todas las religiones; pues cualquiera que sea el nombre con que la historia o la fábula designen a los semidioses, Hiram responde por todos ellos, es el tipo de un hombre perfecto, un mártir a través de la super-excelencia en la virtud; que murió, resucitó de entre los muertos y ahora vive, en la vida eterna.

SOBRE LOS DEBERES Y LA INSTRUCCIÓN DE LOS DISTINTOS GRADOS DE MASONERÍA ANTIGUA Y PRIMITIVA

LA OBLIGACIÓN que acabas de asumir es la última y la más importante de todas; es también la más solemne y vinculante, pues comprende todas las que la han precedido.

Es una que ningún masón, que sea digno del nombre de hombre, por ninguna posibilidad humana podría violar, o traicionar en palabra o espíritu. En varias ocasiones, miembros malos e indignos han sido admitidos en nuestra Orden y después de tratar de pervertir su espíritu puro y santo para los medios de su avance mundano y la gratificación de su ambición y fracasando en ello se han esforzado por degradarla en la estimación pública e incluso traicionar algunos de los misterios; es un hecho lamentable que no puede ser controvertido. Pero estos perjuros no han logrado dañar el tejido estable de la masonería con sus asaltos traicioneros y cobardes; su villanía ha recaído sobre ellos mismos; sólo han incurrido en el desprecio y la burla de todos los hombres honestos y honorables, dentro y fuera de nuestra Orden. ¿Qué puede ser más sagrado que una obligación masónica? ¿Qué más vinculante e impresionante? ¿Qué causa es más pura o más filantrópica que la masonería? ¿Qué razón honesta puede tener un ser humano para traicionar las ceremonias y los misterios inofensivos de una Orden fundada sobre los grandes principios del Amor, la Verdad, la Luz y el Progreso? ¿En qué puede beneficiar la traición al propio traidor o al público en general? Ninguno. Cada esfuerzo hecho para dañar a la Orden, sólo la ha exhibido en una luz más brillante y más noble a los ojos del mundo. En nuestras relaciones con aquellos que no están iniciados en nuestros Ritos y Misterios, nunca podemos ser demasiado cautelosos en todo lo que concierne a la Orden. Muchas palabras ligeras y descuidadas pueden pervertirse en nuestro perjuicio y, como la nieve que cae, convertirse en una poderosa avalancha. Que sea, entonces, nuestro cuidado unido e individual que todas las ocasiones de prejuicio sean evitadas. Muchos hermanos discuten irreflexivamente temas masónicos e intercambian signos y saludos masónicos ante los cowans y los fisgones; ésta es una falta sobre la cual llamo su atención a fin de inculcarles la necesidad de refrenar a otros de tal práctica no masónica y no pensar que ustedes serían culpables de tal negligencia. En nuestras relaciones con el mundo, guardémonos cuidadosamente de depreciar a cualquier hermano de la Orden, no importa cuáles sean sus faltas. Que ninguna palabra de mala voluntad salga de nuestros labios en relación con los miembros de otros ritos. Si ellos, por motivos de celos, por nuestro progreso, eligen actuar en antagonismo con nosotros, que todos los actos agresivos estén de su lado, porque si los Masones discrepan entre ellos y hacen de sus disensiones asuntos de notoriedad pública, qué opinión podemos esperar que el mundo exterior tenga de nosotros y cómo puede creer en nuestras profesiones de amistad y amor fraternal. En nuestras Logias, Capítulos y Sublimes Consejos, estemos siempre dispuestos a rendir pronta y alegre obediencia a los oficiales que presiden tales cuerpos y cuando actuemos como oficiales nosotros mismos, consideremos únicamente el bienestar de nuestros hermanos y no la gratificación de nuestra propia vanidad. Tengamos cuidado de no eliminar ninguno de los antiguos hitos; que ninguna ceremonia sea privada de su debida solemnidad; y que ninguna porción del ceremonial sea recortada o pasada por alto a la ligera, sino preservada y ejecutada en toda su pureza e integridad; es esto mismo lo que constituye el encanto y la belleza de este rito, junto con sus lecciones de alta y santa filosofía y progreso. Me he extendido en estos detalles, porque este es un grado oficial o ejecutivo. Ya habéis adquirido toda la luz y el conocimiento masónicos conocidos por todos los Ritos existentes, porque el nuestro, como la lengua inglesa, combina la belleza, el poder y la extensión de todos los demás.

Ahora que hemos llegado al final de nuestro viaje, escalado la montaña del conocimiento y alcanzado la cima de la perfección en la masonería, miremos hacia atrás desde una posición elevada sobre el país a través del cual hemos hecho nuestra peregrinación; marquemos sus rasgos principales, sus caminos a veces ásperos y escabrosos, sus valles fértiles y sonrientes, sus pasos sombríos, sus desiertos estériles, sus pruebas, peligros y feliz terminación; desde el momento en que emergimos del fango de la ignorancia y la oscuridad, hasta que nos asoleamos en la gloria completa del sol de la masonería.

No es necesario recordar los *Tres Grados Primarios*, comunes a todos los Ritos y su leyenda alegórica de Hiram: su vida, su muerte y su resurrección. Están tan indeleblemente grabados en nuestra memoria que es imposible borrarlos. Sin embargo, a pesar de esto, los grados no son más que el ABC de la masonería y el que se contenta con el conocimiento de ellos solamente, es como un hombre que está de pie en los escalones exteriores de un templo y que ve y no sabe nada de la belleza y la grandeza del Santuario interior.

En el *Cuarto Grado*, el de Maestro Secreto, se te introdujo en el Santo de los Santos. Sobre tus labios fue colocada la llave del silencio y sobre tu frente la escuadra de la razón. Contemplaste la estrella resplandeciente, la luz del ojo que todo lo ve, y derramaste lágrimas de pesar sobre la urna que contenía el corazón de la verdad; la llevaste al Santuario y fuiste nombrado uno de los siete que debían ocupar el lugar de nuestro Maestro asesinado.

En el *Quinto Grado*, el de Sublime Maestro, fuiste apresado por los Guardias como espía en la sala de audiencias del rey y arrastrado a su presencia. Cuando se te explicó que tu intrusión se debía a tu lealtad y celo y no a una curiosidad ociosa, fuiste liberado y se te permitió ayudar a colocar la urna en el Mausoleo erigido para su recepción. Se te enseñó a comprender que eras un Hijo de Dios y que compartías el Amor Divino.

En el *Sexto Grado*, el del Arco Sagrado, fuisteis admitidos sobre el Delta Sagrado aplicado a vuestro corazón. Fuisteis conducidos a través de los nueve arcos construidos por Enoch y llamados Jod, Jaho, Jah, Eleial, Eliah, Joheb, Adonai, Elhannan y Jobel, en el último de los cuales descubristeis un pedestal, sobre el cual estaba colocado un Delta, el homólogo de uno suspendido en el Salón de Audiencias del rey Salomón; al intersecarlos formaron una estrella de seis puntas, en cuyo centro fue descubierta la palabra omnífica, perdida hace mucho tiempo, que fue revelada al Patriarca Enoch antes del diluvio. La leyenda simboliza la verdad divina.

En el *Séptimo Grado*, el de la Bóveda Secreta, fuiste conducido a la indiscreción de pronunciar incautamente la palabra ganada en el último grado y se te enseñó discreción en el futuro. En tu iniciación personificaste a un hermano a cuyo cuidado había sido confiado el sagrado Delta encontrado en el Arco de Enoc y que fue preservado en el Santuario del Templo hasta su destrucción por Nabuzaradán el Babilónico, 470 años después de su erección. Nuestro hermano permaneció fiel a su confianza y su cadáver fue encontrado cubriendo la entrada de la bóveda donde había ocultado el nombre sagrado; ante esto los Caballeros resolvieron no volver a usar la palabra y os dieron una que había sido sustituida por ella. Este es el fin de toda la masonería relacionada con el Templo de Salomón.

En el *Octavo Grado,* Caballero de la Espada, se conmemora el regreso de los judíos de Babilonia tras un cautiverio de setenta años. Se abre con una entrevista entre Ciro, Rey de Persia y el profeta Daniel, a quien el Rey relata su sueño y en la interpretación Daniel aconseja la liberación de los judíos de su cautiverio. A este consejo, Ciro accede y entrega a Zorobabel la espada que Nabucodonosor recibió de Joaquín, rey de Jerusalén, en la época del cautiverio, concediéndole al mismo tiempo permiso para reconstruir el Templo.

En el *Noveno Grado,* Caballero de Jerusalén, personificaste a Zorobabel a su regreso de la Corte de Darío, donde había estado para reclamar el cumplimiento de una promesa hecha por éste, cuando era un particular, de que en caso de que se convirtiera en rey, devolvería todos los Vasos Sagrados del Templo que habían sido capturados por los babilonios. Darío propuso esta pregunta: «¿Qué es más fuerte, el vino, las mujeres o el rey?». La respuesta de Zorobabel fue: «El vino es perverso; las mujeres son perversas; el rey es débil, pero la verdad es fuerte y permanece para siempre. Sólo hay un Dios verdadero, Él es el más fuerte. Bendito sea el Dios de la Verdad». A modo de recompensa, Darío dictó un decreto y te envió con la espada en una mano y la paleta en la otra. A tu llegada descubriste, entre los escombros del Templo, el Sagrado Delta de la Bóveda Secreta y colocándolo sobre el altar pronunciaste el nombre que una vez fue la gloria del templo y de la nación y el fuego sagrado se encendió. Esta llama es el símbolo de la verdad eterna, que, aunque oculta y oscurecida durante un tiempo, finalmente brillará en todo su prístino resplandor.

En el *Décimo Grado,* Caballero de Oriente, fuiste un buscador de la palabra perdida. El grado representa la confederación de los Macabeos, una fraternidad, ligada por un santo juramento; y su dolor y desesperación por la muerte de Judas, la contaminación de su Templo, la dispersión de los hermanos y la restauración o los tesoros perdidos y robados del Templo Sagrado. Se aprende que nada está realmente perdido para el valor y la perseverancia.

En el *Undécimo Grado,* Caballero de la Rosacruz, se concluyen los grados del Capítulo y en el que se encarna la masonería simbólica o elemental. Buscasteis, en la oscuridad y la humildad, la palabra que se había perdido por la difusión de la superstición; realizasteis los siete viajes alegóricos y aprendisteis la nueva ley del amor y que la Fe, la Esperanza y la Caridad son las virtudes principales. Luego fuisteis conducidos a través de la morada del pecado y de la muerte durante un período que representó tres días y finalmente descubristeis la palabra como recompensa de vuestras pruebas.

En el *Primer Grado* del Senado de Caballeros Filósofos Herméticos y *Duodécimo Grado* del Rito, Caballero del Águila Roja, respondiste a tres preguntas: «¿Cuál es la primera gran causa? ¿Qué debe el hombre a Dios? ¿Qué debe el hombre a sus semejantes?». Penetrasteis en el seno de la tierra; fuisteis purificados por el aire, el fuego y el agua; bebisteis del cáliz amargo; y aprendisteis que el verdadero objetivo de la masonería era: reverenciar a Dios, hacer el bien a nuestros semejantes y cultivar la virtud en todos nuestros pensamientos y acciones. En el *Decimotercero,* Caballero del Templo, fuiste probado por la Escuadra y el Compás formando ángulos sobre tu pecho y en la oscuridad. Fuiste recibido sobre cuatro puntos de geometría, formados por la escuadra y los compases, con la letra «G» en el centro. El objeto de este grado es la propagación de la Sabiduría, la Ciencia y la Verdad; también un verdadero conocimiento de la geometría intelectual o divina, sin la cual todo otro conocimiento es inútil.

En el *Decimocuarto Grado,* Caballero del Tabernáculo, se explica el uso y la naturaleza de los ornamentos del Tabernáculo, el significado oculto de los estandartes de las doce tribus y de los ritos y ceremonias practicados en el desierto, durante el Éxodo de los hebreos bajo la dirección de Moisés, el libertador.

En el *Decimoquinto Grado,* Caballero de la Serpiente, tenemos una secuela del anterior; hace referencia a la Serpiente de Bronce que erigió Moisés; y a la adoración de la serpiente de varias razas de la antigüedad.

En el *Decimosexto Grado,* Caballero Sabio de la Verdad, se te enseñó la igualdad que existe entre todos los hombres y que la verdadera felicidad sólo se encuentra en una estricta observancia de la ley moral, que la muerte no es más que la disolución del cuerpo en sus elementos componentes, que el Alma nunca puede perecer y que la Verdad es Dios.

En el *Decimoséptimo Grado,* Caballero Filósofo Hermético, se te enseñó el significado de la Cruz Hermética; el grado es científico y trata de los poderes y cualidades de los números, las plantas y todas las fuerzas naturales.

En el *Decimoctavo Grado,* Caballero Kadosh, se trata de disipar la ignorancia, castigar el crimen y combatir la superstición, el despotismo y la tiranía. Después de muchas pruebas ascendiste los peldaños de la Escalera Mística, indicando: justicia, trabajo, mansedumbre, fidelidad, gran labor, paciencia, generosidad y perfección; viste que el hombre puede caer desde el pináculo más alto de la fama hasta el nivel común de la humanidad, sin apenas un momento de advertencia para prepararlo para tal destino. Te familiarizaste con la historia de las Cruzadas, el ascenso y caída de los Caballeros templarios, el lamentable destino del Gran Maestre, Jacques de Molay y la justicia retributiva que siguió a los tres principales asesinos.

En el *Decimonoveno Grado,* Caballero del Misterio Real, fuiste instruido en las nueve creencias principales del mundo por el representante de cada religión y aprendiste Tolerancia y Caridad.

En el *Vigésimo Grado,* Caballero Gran Inspector, se te exigieron cinco obligaciones diferentes: 1ª, la bandera de tu país; 2ª, el estandarte de nuestro Rito; 3ª, su obligación de secreto; 4ª, denunciar a todos los impostores masónicos; 5ª, obediencia implícita a nuestras leyes y reglas. Fuisteis tres veces coronado, 1º, con la corona cívica o corona de hojas de roble, un tipo de patriotismo; 2º, con una corona de ciprés, un emblema de muerte y eternidad; 3º, con una corona de rosas, como símbolo de paz y felicidad. Con coraje impertérrito te enfrentaste a muchos peligros; a los tristes restos de la mortalidad en descomposición; desafiaste la prueba del fuego y arrancaste del recipiente de plomo fundido el anillo de la perfección que es el símbolo de la verdad masónica y del valor caballeresco. Bebiste la vida de la muerte y aprendiste el gran misterio de que todas las cosas viven, mueren y reviven de nuevo. Este es el último de los grados del Senado y concluye la serie intelectual de nuestro Rito.

En el *Primer Grado* del Sublime Consejo y *Vigesimoprimer Grado* del rito, Gran Instalador, fuiste instruido en el simbolismo y cualificado para desarrollar el Ceremonial Público de Instalación.

En el *Vigesimosegundo Grado,* Gran Consagrador, fuiste instruido sobre el Templo Místico, Sapenath Pencah y calificado para realizar el Ceremonial Público de Consagración.

En el *Vigesimotercer Grado,* Gran Eulogista, fuiste instruido en la antigua fe de la inmortalidad del alma y calificado para realizar los ritos funerarios Ceremoniales. Estos tres últimos grados, son ceremonias oficiales.

En el *Vigesimocuarto* Grado, Patriarca de la Verdad, buscaste la Fuente de la Luz Perfecta y una visión de los misterios de la ciencia no revelada. Atravesaste las negras tinieblas del horror y la desesperación y tus ojos contemplaron el símbolo del Santo. Arrancaste la Llave de Zeus del caldero de aceite hirviendo y aprendiste, por experiencia, la naturaleza de ese poderoso poder que impregna el espacio y es la fuente de toda vitalidad.

En el *Vigesimoquinto Grado,* Patriarca de los Planisferios, aprendiste el verdadero significado de los Globos Masónicos y se te explicó la naturaleza alegórica de los doce signos del Zodíaco.

En el *Vigesimosexto Grado,* Patriarca de los Sagrados Vedas, se explican completamente los principales principios de las Teologías Orientales, tal como se inculcan en los Sagrados Vedas, las Leyes de Manu y el Ramayana de los Brahmanes; las leyes y tratados de Buda y el Zend Avesta de Zoroastro; la moral que se enseña es que nunca debemos condenar sin escuchar, sino examinar, reflexionar y tolerar. Estos tres últimos grados son escuelas de instrucción, preparatorias para los Ritos Egipcios del Sublime Consejo.

En el *Vigesimoséptimo Grado,* Patriarca de Isis, fuiste instruido en la moralidad, ceremoniales y muchos peligros, de los

Misterios Menores de los egipcios en Menfis. Como Tales, el antiguo filósofo, visitaste el Templo de los Símbolos, situado sobre una isla en el Lago Mœris, viste las maravillas del famoso Laberinto y luego fuiste admitido en el Templo Interior, donde se te impartió un conocimiento completo del lenguaje de los símbolos. Aprendisteis que Isis, Reina del Cielo, esposa del semidiós Osiris y madre del niño Horus, simboliza la naturaleza fecunda.

En el *Vigesimoctavo Grado*, Patriarca de Menfis, se da una historia concisa de Osiris y una representación dramática de su nacimiento, vida, muerte y resurrección, comparada con la de todos los mentes de los que el sol es un símbolo sublime. Esta leyenda encarna el regreso de Osiris de los países que había visitado como misionero de la civilización, su asesinato por su antinatural hermano Tifón, la recuperación de su cuerpo de las aguas del Nilo, su inhumación, la profanación de su tumba, su descenso al purgatorio amentheano y su resurrección final. Es un ceremonial de los Grandes Misterios y nos enseña que la religión, como la historia, se repite.

En el *Vigesimonoveno Grado*, Patriarca de la Ciudad Mística, se continúa con la hermosa historia alegórica de Osiris, se inculca de manera impresionante la creencia en la unidad de la Deidad, se le entregan tres grandes secretos, después de haber atravesado una vez más el Valle de la Muerte. Se hace una breve mención de los diversos ritos existentes, que, según se demuestra, se derivan de nuestra propia Institución Primitiva.

En el *Trigésimo Grado*, Perfecto Pontífice-Sublime Maestro de la Gran Obra, alcanzaste el Apex de la Perfección Masónica y todo el sistema de la masonería Antigua y Primitiva te fue desplegado en toda su perfeccionada sublimidad y grandeza. Pasaste a salvo a través del Pronaos y del Santuario de los Espíritus, hasta el Salón de la Verdad, donde te sometiste al gran Juicio Egipcio; fuiste coronado con la triple corona como emblema de vida, muerte y resurrección; participaste de nuestra comunión de hermandad: pan, el bastón de la vida y vino, la sangre de la naturaleza. Así concluye la enseñanza teosófica o celestial de nuestro rito.

En los tres últimos grados oficiales, que ahora has recibido, no tenemos más que una repetición de nuestros principales dogmas. En el Primero de ellos, se os impresiona con lecciones de Justicia y Moralidad. En el Segundo, con la Unidad de la Deidad. Este, el Tercero, tiene por objeto recordarte la vida venidera, en la que esperamos gozar, con Espíritus afines, de una feliz y gloriosa inmortalidad.

Y ahora, después de este repaso del viaje que hemos completado juntos, ¿puedes concebir algún sistema que sea más conciso, completo o conectado que el de nuestro rito?; comprendiendo como lo hace la sabiduría y la filosofía de todas las naciones y razas, desde los albores de la historia; inculcando la moralidad más pura y los principios siempre duraderos de la religión natural y la razón, está por encima de todos los demás sistemas. No hay una sola palabra o ceremonia en todo su curso que sea antagónica a lo verdadero, lo puro y lo sagrado. El masón que vive de acuerdo con su espíritu e instrucción, no puede ser más que un hombre bueno, justo y recto, en todas las relaciones de la vida. Que sea nuestro estudio constante el alcanzar esta perfección, para que cuando seamos llamados de esta Logia terrenal, seamos encontrados dignos y merecedores de tomar nuestro lugar en esa Logia Celestial, sobre la cual el Sublime Arquitecto del Universo gobierna ahora y por siempre jamás. Así sea.

Esta obra clásica de John Yarker
se terminó de componer en las
colecciones de la editorial
M A S O N I C A ®
el día 16 de abril
del año 2024.

Made in the USA
Monee, IL
10 September 2026

62771006R00121